宮本信也 =編
Shinya Miyamoto

学習障害のある
子どもを
支援する

Support for children with
Learning Disabilities

日本評論社

はじめに

　2005年に発達障害者支援法が施行され、特別支援教育のもと、医療・教育領域のみならず広く社会全体においても発達障害への関心が高まってきています。発達障害特性のある人では、その特性を背景とした問題は、成績（performance）の問題や行動の問題として表面化してきます。前者に該当するものとしては、知的発達症、コミュニケーション症、限局性学習症（学習障害）、発達性協調運動症が、後者には自閉スペクトラム症とADHDがあります。

　ところで、成績の問題が中心となる発達障害では、問題に気づかれることが遅れがちで、理解や適切な支援も行われにくいという状況が少なくありません。行動面の問題は、周囲から気づかれやすく、周囲も対応に困ることが多いため、早い段階で専門機関へ相談されやすいのに対して、成績の問題があっても行動面の問題がなければ、周囲からはあまり問題視されないことが多くなるからです。

　本書で扱っている学習障害は、気づかれにくい発達障害の代表的なものです。学習障害の中心は、文字の読み書きができない発達性読み書き障害（読字障害）と算数の学習スキルの習得が困難な算数障害です。文字の読み書きができなかったり、計算で繰り上がり繰り下がりがわからなかったりしても、席に座っており、集団行動は行い、周囲を困らせるような行動面の問題がなければ、そうした子どもたちは、国語が苦手な子、算数が苦手な子と見られるだけで、問題の本質に気づかれることが少ないからです。また、国立成育医療研究センターの小枝達也先生は、学習障害のある子どもたちは、自

1

分ができないということが恥ずかしいので、できないことを隠そうとするとも述べています。そうした状況が、学習障害をますます気づかれにくくしているともいえるでしょう。

　本書では、適切な理解と支援を受けにくい学習障害について、その概念、特徴、対応方法などが包括的に解説されています。本書のもととなったのは、2016年に発行されました『こころの科学』187号の特別企画「学習障害を支援する」です。今回、単行本化するにあたり、内容の見直しと追加を行い、より充実した内容といたしました。本書が、学習障害のある人たちへのよりよい理解と支援が広がることにつながることを心より期待するものです。

白百合女子大学　　宮本信也

目　次

第1章　学習障害とは──学習障害の歴史………………………………上野一彦　9

　学習障害（LD）誕生の背景と歴史　9

　学習障害（LD）のわが国への伝播　10

　学習障害（LD）の定義をめぐって　12

　障害カテゴリーとしての残された課題　15

第2章　医学領域における学習障害………………………………平林伸一　18
　　　　　── MBDから限局性学習症へ

　MBD概念の成立まで　19

　MBD概念の解体とLD概念の成立　20

　いわゆる非言語性LDについて　24

　今日の医学におけるLD概念　25

第3章　日本における学習障害の頻度………………………………柘植雅義　29
　　　　　──文部科学省の実態調査から

　本章の目的　29

　2003（平成15）年公表の調査　29

　2012（平成24）年公表の調査　33

　両調査の意義と限界と今後　35

3

第4章　発達性読み書き障害とは……………………………………宇野　彰　39

　発達性読み書き障害とは　39

　ディスレクシアという用語について　40

　出現頻度　40

　生物学的原因仮説　41

　大脳機能低下部位　42

　発達性読み書き障害に関与する認知能力　43

　定義から考えられる診断評価　44

　具体的な検査　45

　音読の流暢性の発達およびその障害　47

　根拠に基づく指導法　47

　成人になった発達性読み書き障害例　48

第5章　読字の発達とその障害の検出法……………………………稲垣真澄　51

　ひらがな音読の発達　52

　絵の呼称の発達　55

　読字障害の判断に至る臨床症状とは　56

　読字障害の判断に活用可能な検査とその特徴　58

　読字検査の実際　67

第6章　算数障害とは……………………………………………………熊谷恵子　73

　大人の計算障害に関する神経心理学的、認知神経心理学的研究　73

　発達性算数障害　75

　学習障害の中の算数障害　76

　医学的定義　77

　アセスメント（査定）　78

　まとめ　84

第7章 学習に困難をもつ子どもにとっての英語学習 ………… 小林マヤ 87

現在と今後の日本の英語教育　87

学習に困難をもつ子どもはどれくらいいるのか　87

英語学習の何が難しいのか　88

合理的配慮に則って　89

子ども自身にできること　92

言語学習の基礎を早くから養う重要性　93

日本の現状に照らし合わせて──まずは教師のトレーニングから　94

第8章 学習障害の評価──ICTの活用 …………………………… 奥村智人 96

学習障害の評価　96

CBT　97

CAT　101

今後の課題　105

第9章 学習障害のある子どもの学校での ………………………… 涌井　恵 107
　　　合理的配慮と基礎的環境整備

はじめに──合理的配慮とは、その子を排除しないためのもの　107

インクルージョンと合理的配慮と障害者差別解消法　108

学校における合理的配慮の提供について　110

発達障害のある子どものための合理的配慮の具体例　112

多様性を認める学校風土づくりの重要性　112
──合理的配慮の円滑な実施を支える基礎的環境整備

第10章 多層指導モデルMIMを用いた ………………………… 海津亜希子 116
　　　読みにつまずきのある子どもの指導

MIMはなぜ生まれたのか──開発の経緯　116

MIMとは　119

これまでの研究成果　122

MIMの効果をいかに解釈するか　　123

第11章　COGENTプログラムを用いた　　中山　健 127
　　　　読みにつまずきのある子どもの指導

COGENTの理論的背景　　127

COGENTプログラムの概要　　130

COGENTプログラムの実践　　134

第12章　算数につまずきを示す子どもの理解とその指導　　伊藤一美 139

算数につまずきを示す子どもたち　　139

就学前にみられる数の知識のつまずきの理解と指導　　140

小学校でみられる算数のつまずきの理解と指導　　142

文章題のつまずきの理解と指導　　145

中学校と高等学校でみられる数学のつまずきの理解と指導　　147

まとめ　　148

第13章　ワーキングメモリと個別の学習支援　　河村　暁 149

ワーキングメモリとは　　149

ワーキングメモリのテストと発達的特性　　150

ワーキングメモリと学習支援技術　　151

学習支援の効果の検討　　153

支援の視点としてのワーキングメモリモデル　　156

第14章　学習障害とテクノロジーによる支援　　近藤武夫 160

合理的配慮としてのICT利用　　162

おわりに——支援技術の利用を支える専門家や移行支援の必要性　　169

学習障害のある子どもを支援する

第**1**章

学習障害とは──学習障害の歴史

上野一彦

学習障害（LD）誕生の背景と歴史

　歴史を紐解けば、学習障害（learning disabilities：LD）に類似する症状の存在は、19世紀末の英国ですでに報告されている。子どもの語盲症（word blindness）を報告した英国の学校医カー（Kerr, J.）や内科医モーガン（Morgan, P.）、そして20世紀初頭、読みと脳の役割を研究したスコットランドの眼科医ヒンシェルウッド（Hinshelwood, J.）らによる研究にその兆しがみられる。やがて1920年代になって、これら特異な読み障害の研究は米国の神経学者オートン（Orton, S.T.）らに引き継がれる。彼は、子どもの鏡映文字（左右が逆になる文字）の中に重要な機能的な手がかりを見出している。

　LDという言葉が誕生し、教育用語として定着したのは1960年代前半の米国でのことである。それ以前、障害児教育の歴史を学んだ人なら必ず一度は耳にする、ウェルナー（Werner, H.）やシュトラウス（Strauss, A.）、クルックシャンク（Cruickshank, W.）らも、後にLDと呼ばれる子どもたちにつながる基礎研究を、脳障害児の精神病理と教育といった課題から蓄積していった。やがて、はっきりとした脳の障害ではなく、軽微な神経学的機能障害

という意味でのMBD（Minimal Brain Dysfunction）という言葉が医学界を中心に用いられるようになった。このMBDこそ、現在のLDと注意欠如／多動性障害（ADHD）の重複症状の原型だったのではないだろうか。こうした子どもたちへの教育ニーズが米国の各州で個々に存在し、それが全体的な教育課題として浮上しつつあったのである。当時の混乱する名称についての状態をクルックシャンクの言葉で紹介しよう。

　「ミシガン州でたまたま知覚障害児と呼ばれる子どもがいたとしよう。その子どもがカリフォルニアに住めば教育障害児とか神経学的障害児として教育がなされるだろう。一方、ペンシルベニアにいれば言語障害児の学級に在籍するだろう。もしも、その子がカリフォルニアからニューヨーク州へ移れば、教育障害児から脳障害児へとその名は変わる。そして、ミシガンからモンゴメリーやメリーランドに行くと、今度は知覚障害児ではなく、特殊な学習障害児と呼ばれるだろう[1]」

　学習障害の原語learning disabilitiesは米国で生まれた。この言葉の登場は1963年、米国における知的障害児の早期教育の提唱者として著名なS・A・カークのシカゴでのLDに関する教育講演がその契機となった[2]。カークが、これまでさまざまな名称で呼ばれてきた、認知に関係する軽度の学習困難を呈する子どもたちをLDという名のもとに総称することを提案したからにほかならない。LDという言葉が一気に全米で広がった背景には、中・重度の障害のある子どもたちへの施策と対応が進み、関連する専門スタッフの数が余剰気味であったことと、支援対象を軽度の障害のある子どもたちにも広げようとする潜在的な教育ニーズの高まりがあったといわれる。こうしてLDという言葉は、米国においてまだ教育の支援の光の外にあった子どもたちの保護者のこころをつかみ、その影響は、全米、そしてわが国を含む全世界に広がっていった。

学習障害（LD）のわが国への伝播

　LD概念のわが国への伝播には、1970年代半ばに相次いで出版された、次

の2冊の訳書が重要な役割を果たした。

『ITPAによる学習能力障害の診断と治療』S・A・カーク、W・D・カーク（三木安正、上野一彦、越智啓子共訳）、日本文化科学社、1974年：LDの名づけの親でもあるカークが開発したLDの診断検査ITPA（イリノイ式言語学習能力診断検査）の解説書で、世界初の個人内差を重視する認知検査として普及した。

『学習能力の障害——心理神経学的診断と治療教育』D・J・ジョンソン、H・R・マイクルバスト（森永良子、上村菊朗訳）、日本文化科学社、1975年：言語心理学者マイクルバストによるLDに関する専門学術書で、その本の外装の色からグリーンブックという名でも知られる。

　この時代、LDはまったく新しい障害用語であり、何の定訳もないままに、奇しくもどちらの訳書もLDを「学習能力（の）障害」としていることは興味深い。やがて、これらの系譜を継ぐ研究者たちを中核とする、いわば点としてのわが国のLD啓発活動は次第にその輪を広げ、線としての連携となり、各地の学会活動やLD親の会活動と連携してさらに輪を広げていった。

　1979年10月、金沢大学で開催された第21回日本教育心理学会で、研究委員会企画でもたれた「LDに関するシンポジウム」が、LDに関する学会レベルでの最初の発表ではなかったろうか。その後、NHK教育テレビでのLDの紹介番組などを通して、次第に全国の保護者や教育関係者の間でLDの存在は認知されていった。

　1982年に最初に設立された「あいちLD親の会かたつむり」を皮切りに各地で生まれたLD親の会は、1990年2月に「全国LD親の会」としての活動を開始し（2008年10月、特定非営利活動法人全国LD親の会となり、現在、36都道府県の43団体、約2700名と、ウェブサイト〔http://jpald.net/〕上では公表されている）、大きな啓発運動の起点となった。

　戦後、身体障害や知的障害等に対して、その障害の種別や程度によって特別な教育課程を編成して対応してきた特殊教育の歴史は、それなりに一定の成果を挙げてきたと思う。しかし、言語障害にもいえるが、LD等の、健常

第1章　学習障害とは——学習障害の歴史　11

とされる児童生徒との見分けのつきにくい、いわば「中間的」な子どもたちへの教育ニーズが潜在的に高まりつつあったことが、LDやADHD、（高機能）自閉症など、いわゆる発達障害のある子どもたちへの特別支援教育として一気にブレークしていく土壌となったとみることができる。まさに特殊教育から特別支援教育への転換の序章であり、米国に遅れること四半世紀の動きでもあった。

　1990年から文部省（現・文部科学省）に置かれた「通級学級に関する調査研究協力者会議」（座長：山口薫）は、当初、言語障害の通級の実態に合わせた制度の整えを目的として設置されたが、LD教育を求める全国的な声に、この調査研究協力者会議においてLD教育の検討が併せ開始されたことは、まさに満を持したタイミングでもあった。

　この調査研究協力者会議の結果を受け、1993年から「通級による指導」制度が施行されたが、LDなどの発達障害は、まだその実態が明らかでないということで、次のLDに関する調査研究協力者会議での検討に委ねられた。実際にLD、ADHDなどが「通級による指導」の指導対象となったのは、それから13年後の2006年からであったことは記憶に新しい。

　通級指導の調査研究協力者会議に続く1992年からの「学習障害及びこれに類似する学習上の困難を有する児童生徒の指導方法に関する調査研究協力者会議」（座長：山口薫）にLD教育の検討は継承されていったのだが、この間にさまざまな実験的試みがこの調査研究協力者会議を舞台に全国で行われていった。会議は延々と７年も続けられ、1999年に最終報告を出すが、ここで今日のLD定義が最終的に整えられ、これをもってわが国のLDの公的な教育定義の形ができあがっていった。

学習障害（LD）の定義をめぐって

　文部省（現・文部科学省）で始まった新しい障害概念であるLD定義に関する検討のおおよその過程を明らかにしておこう。

　LDの定義は、米国でもそうであったように、非常に包括的なものであ

り、既存の障害定義を除く排除定義と呼ばれた。その最初の下敷きとされたのは、1968年当初に米国政府が公表した以下の定義である。

「話し言葉や文字を理解したり、使用したりする際の基本的な心理過程に一つないし複数の障害をもつ子どもを指す。たとえば、聞く、考える、話す、読む、書く、綴る、計算するといった面での障害である。それには知覚障害、脳損傷、微細脳機能障害、発達性失語症などが含まれる。しかし、一次性の視覚、聴覚、運動障害によるものや、精神遅滞や情緒障害によるもの、さらには環境、文化、経済的な悪影響による学習の問題をもつものは含まれない」

この原因にまったく言及しない漠然とした公的定義は、1975年の有名な「全障害児教育法（公法94-142）」の議事録にも記載されている。まさに、さまざまな支援ニーズをもつ子どもを広く掬いあげるセーフティネットとしての役割が重視され、多くを包含する「傘概念」の名にふさわしい定義でもあった。やがて、全米合同委員会（NJCLD）の以下の定義が、一般的な定義として多くの人々の合意のなかで認められるようになった。

「学習障害とは、聞く、話す、読む、書く、推理する、あるいは計算する能力の習得と使用に著しい困難を示すさまざまな障害群を総称する用語である。学習障害は個人に内在するものであり、中枢神経系の機能障害によると推定され、生涯を通して起こる可能性がある。自己調整行動、社会的認知、社会的相互交渉における諸問題が学習障害と並存する可能性があるが、それ自体が学習障害を構成するものではない。学習障害は他の状態（たとえば、感覚障害、精神遅滞、重度の情緒障害）、あるいは（文化的な差異、不十分あるいは不適切な教育のような）外的影響と一緒に生じる可能性もあるが、それらの状態や影響の結果ではない」[3]

わが国のLD定義は、基本的にはNJCLDの定義と類似するが、その要点は、①障害症状を、口頭言語の「聞く」「話す」、書字言語の「読み」「書き」、そして、算数領域の「計算」と「推論」の6領域の学習困難に絞り込んでいること。②その困難の背景に、中枢神経系の機能障害、つまり本人の脳の発達の特異性を想定していること。③他の障害や困難との重複を避けて

表1-1　LDに関する教育・医学用語の対比（文献5）

教育定義	医学的定義	
文部科学省	DSM-IV（1995）	ICD-10（1992）
学習障害* 聞く 話す	コミュニケーション障害 　受容－表出混合性言語障害 　表出性言語障害	会話および言語の特異的発達障害 　受容性言語障害 　表出性言語障害
読む 書く 計算する 推論する	学習障害** 　読字障害 　書字障害 　算数障害	学力（学習能力）の特異的発達障害 　特異的読字障害 　特異的書字障害 　特異的算数能力障害

*learning disabilities　**learning disorders

いること。つまり、社会性の困難や運動能力困難、さらには注意の集中や多動性などにみられる行動の調整困難などは、重複や合併しやすい症状とみて外していること。④環境的な要因についても排除していること、である。

　ただし、知的発達アセスメントに対する根強い抵抗が当時あったことから、あえて既存の知的障害（当時、米国では精神遅滞）との混同を避けるために、「全般的な知的発達に遅れはないが」という独自のフレーズが入っている。また、言語障害は、コミュニケーション障害として一部重複するところから、定義の中では言及していない。こうしてできたわが国のLD定義、いわゆる教育定義と呼ばれるのが以下のものである。

　「学習障害とは、基本的には全般的な知的発達に遅れはないが、聞く、話す、読む、書く、計算する又は推論する能力のうち特定のものの習得と使用に著しい困難を示す様々な状態を指すものである。

　学習障害は、その原因として、中枢神経系に何らかの機能障害があると推定されるが、視覚障害、聴覚障害、知的障害、情緒障害などの障害や、環境的な要因が直接の原因となるものではない」[4]

　NJCLDの定義と比較してみると、誤解を招く余分な表現をできるだけ削除した、きわめてシンプルな表記に徹していることがわかる。当時の教育定

義と医学における障害分類（DSM-Ⅳ、ICD-10）とを比較したものが表1-1である。[(5)]教育定義においては、教育的関係性の強さから口頭言語と書字言語が一体化しているが、医学領域では、コミュニケーション障害と分けているところに特徴がある（最新のDSM-5やICD-11では、コミュニケーション症群、限局性学習症などの用語が使用される[(6)(7)(8)]）。

障害カテゴリーとしての残された課題

　最後に、LD、ADHD、そして自閉スペクトラム症など、いわゆる発達障害と教育の課題について、わが国と米国、英国の障害カテゴリーを比較するなかから、今後の課題を提起しておこう（表1-2）。

　わが国では、歴史的に障害カテゴリーをその扱ってきた順序で表記する傾向があった。かつての特殊教育から、2007年に法的に移行された特別支援教育への転換は、障害の種別と程度によって、特別な場を設けて行う特殊教育から、感覚障害・身体障害や知的障害等に加え、これまで教育の光の当たってこなかった、いわゆる知的に遅れのない発達障害をも支援対象にし、一人ひとりのニーズに応えるインクルーシブ教育を目指す特別支援教育への大きな転換でもあった。

　わが国の教育施策上の障害分類は、特別支援学校での障害カテゴリーとしては、視覚障害・聴覚障害・知的障害・肢体不自由・病弱の５種類がある。通常学校に併設される特別支援学級における指導カテゴリーとしては、知的障害・肢体不自由・身体虚弱・弱視・難聴・言語障害・情緒障害があり、2007年度からは、情緒障害と自閉症をその発生の機序の相違から、きちんと分けて指導することが強調された。1993年、法的に整備され、開始された「通級による指導」は、通常の学級との連動性をもたせた通級形態での支援教育である。

　当初、言語障害、情緒障害などが指導対象とされたが、2016年から、新たにLD、ADHDが指導対象に加えられた。常勤の教師による学級形態はまだ少なく、多くが教室形態ではあるが、近年、支援ニーズの急激な高まりか

表1-2　障害カテゴリーの国別比較

日本	米国	英国
視覚障害	LD	認知と学習ニーズ
聴覚障害	スピーチ／言語障害	特異な学習困難（LD）
知的障害	精神遅滞（知的障害）	中度学習困難（軽度精神遅滞）
肢体不自由	情緒障害	重度学習困難（中度精神遅滞）
病弱（身体虚弱）	聴覚障害	最重度学習困難（重度精神遅滞）
	肢体不自由	行動・情緒・社会的発達ニーズ
情緒障害	その他健康上の障害	コミュニケーションと相互関係ニーズ
言語障害	視覚障害	スピーチ／言語
	自閉症	コミュニケーション障害
自閉症	重複感覚障害	自閉症スペクトラム障害
LD	外傷性脳損傷	感覚と身体的ニーズ
ADHD		視覚障害
		聴覚障害
		重複感覚障害
		肢体不自由

ら、自校通級もしくは、児童生徒が他校の支援教室に通うのではない、専門性の高い教師が学校を回って指導する巡回指導体制へと変化を遂げつつある。この通級支援教室は義務教育だけでなく、2018年からは全国の高等学校にも正式に広がりを見せている。

　米国の場合は、指導対象数などによって序列化される傾向がある。法的な規定の中で運用されるIEP（個別教育計画）の伝統が強く、合理的配慮としてのサービスの種類とその効果が重視されるが、これはある意味で、米国型の合理性の一端とみることもできる。

　注目すべきは、障害カテゴリーよりも指導ニーズを重視する英国の分類である。障害種からニーズによる分類への変化は世界の趨勢ともいえるが、特別支援教育においてはその指導ニーズによって子どもをみる視点はとくに大切である。

　こうした各国の比較から、われわれが築きあげてきた特別支援教育を今一度見直すことを提案するものである。

〔文　献〕

（１）ファーナム – ディゴリィー（上野一彦訳）『学習障害―認知心理学からの接近』サイエンス社、1981年

（２）上野一彦『教室のなかの学習障害―落ちこぼれを生まない教育を』有斐閣、1984年

（３）National Joint Committee on Learning Disabilities: Learning Disabilities: Issues on Definition, 1990.（http://www.ldonline.org/about/partners/njcld/archives）

（４）文部省「学習障害児に対する指導について（報告）」学習障害及びこれに類似する学習上の困難を有する児童生徒の指導方法に関する調査研究協力者会議、1999年（http://www.mext.go.jp/a_menu/shotou/tokubetu/03110701/005.pdf）

（５）上野一彦、緒方明子、柘植雅義他編『特別支援教育基本用語100―解説とここが知りたい・聞きたいQ&A』明治図書出版、2005年

（６）米国精神医学会編（高橋三郎、大野裕、染矢俊幸訳）『DSM-Ⅳ　精神疾患の分類と診断の手引』医学書院、1995年

（７）米国精神医学会編（高橋三郎、大野裕監訳、染矢俊幸、神庭重信、尾崎紀夫他訳）『DSM-5　精神疾患の診断・統計マニュアル』医学書院、2014年

（８）世界保健機関編（融道男、中根允文、小宮山実監訳）『ICD-10　精神および行動の障害―臨床記述と診断ガイドライン』医学書院、1993年

第１章　学習障害とは――学習障害の歴史　17

第2章
医学領域における学習障害
——MBDから限局性学習症へ

平林伸一

はじめに

　学習障害（LD）は、医学と教育にまたがる概念であり、それぞれの領域からのアプローチがなされてきた。同じLDといっても、医学と教育では、その略されるもとの用語は異なっている。医学領域で用いられるLDはLearning Disordersの略であり、教育においてはLearning Disabilitiesの略である。また、教育界ではLearning Differenceという用語が用いられることもある。ちなみに、文部科学省では、Learning Disabilitiesを採用している。

　医学領域では、LDに相当する症例の報告は19世紀よりみられ、20世紀半ばには米国を中心に微細脳機能障害（MBD）の概念が登場した。しかしこれは、あまりに包括的な概念であったがゆえに、その後、学習の習得の問題であるLDと、多動などの行動上の問題とに分割された。両者の概念は、WHOの「国際疾病分類」（ICD）や、米国の精神疾患の診断基準である「精神疾患の診断・統計マニュアル」（DSM）に引き継がれて今日に到っている。

　医学と教育が協働してLDを考えてゆこうとする学際的な機運は、近年徐々に高まってきた。わが国では、1992年日本LD研究会が発足し、翌年には日本LD学会と改称したが、そこには医学領域からの参加もみられた。

本章では、わが国における医学の立場からみたLD概念の変遷をたどることを通して、両者の概念の共通点と相違点を明らかにし、今後のさらなる協働的関係に資することを目的とする。

MBD概念の成立まで

　歴史的に、語聾（word-deafness）とか語盲（word-blindness）と言われているものに関し最初に記述したのは、1869年の英国の医師バスチアンとされている。同じく英国のモーガンは、1896年に先天性語盲の一症例を報告した。その後、米国のオートンは1925年に、精神遅滞や脳損傷とは異なる生理的背景をもつものとしての発達性読書障害症候群の存在を確認した。また、脳損傷児の学習特性は米国のシュトラウスとウェルナーによって1940年代に研究され、1947年シュトラウスとレーチネンの共著『脳障害児の精神病理と教育』（伊藤隆二、角本順次訳、福村出版、1979年）にまとめられた。これはこの分野における古典的著作とされ、以後この領域への関心が高まる契機となった。

　1959年パサマニックらは「微細脳損傷（minimal brain damage）」という用語を初めて小児神経学に導入した。彼は、粗大な行動異常や神経学的徴候を認めない場合でも、注意深い検査をすれば、行動の偏りや微細な神経学的徴候を認める場合があることに注目した。そしてこれ以降、知能が正常でありながら行動や学習にさまざまな問題を示す子どもに関して、微細脳損傷という用語が普及することとなった。しかしこの用語は、必ずしも客観的に器質的な脳損傷が証明できない場合にも用いられたため、いたずらに親に恐怖感や絶望感を与えたり、患者に対する周囲の偏見を助長したりするという弊害が指摘されるようになった。そこで、1962年から翌年にかけて英国、米国で行われたシンポジウムにおいて、微細脳損傷という用語は不適当であり、「微細脳機能障害（minimal brain dysfunction）」という用語が適当であると勧告された。以後、MBDといえば、こちらのほうを指すようになった。

　ここでMBDの概念をまとめておく。1966年に米国の患者団体と公衆衛生

第2章　医学領域における学習障害——MBDから限局性学習症へ　19

局の共同委員会においてまとめられた次のような定義が有名である。

「MBDとは、知能はほぼ正常か正常以上でありながら、中枢神経機能の偏りによって、種々の程度の学習や行動の問題を示す子どもたちをいう。この中枢神経機能の偏りにより、認知、概念化、言語、記憶、注意の集中、衝動の制御、運動機能の障害のいくつかが組み合わさって現れる」

また、原因としては、遺伝的要因、生化学的要因、周産期障害、中枢神経系の発達や成熟に密接に関係する疾患、外傷などが挙げられている。つまり、さまざまな発症要因によって中枢神経機能が障害されることにより、主として学習や行動に多様な問題を示すものがMBDであるとされた。

わが国では、1965（昭和40）年に東京で開催された第11回国際小児科学会議における「精神薄弱、特にその治療」と題するパネル討論の中で、米国の研究者によるMBDにかかわる講演がなされた。さらに、1968（昭和43）年の第71回日本小児科学会総会においては、「小児の微細脳損傷症候群」がパネル討論として取り上げられ、活発な論議を呼んだ。その後、MBDの概念はわが国の小児神経学の分野に定着していった。[1]

MBD概念の解体とLD概念の成立

医学の中で中枢神経系の機能障害として概念規定されたMBDと、ほぼ時期を同じくして米国のカーク、マイクルバストらにより教育・心理学の立場から提唱されたLD（Learning Disabilities）の概念とは、当初より密接な関連を有していた。ちなみに、1968年の米国の「ハンディキャップをもつ子どもたちに関する国家諮問委員会」（NACHC）におけるLDの定義は以下のとおりである。

「特異的な学習障害をもつ子どもたちは、話し言葉や文章を理解したり、用いたりするうえで必要な基本的な心理過程の一つないし複数の障害を示す。これらは『聞く』、『思考する』、『話す』、『読む』、『書く』、『綴る』、『計算する』うえでの障害となって現れる。これらの中には、知覚障害、脳損傷、微細脳機能障害、発達性失語症と言われていたものなどが含まれる（以

下略）」

　この定義に従うと、LDの原因の一つとしてMBDが含まれることになる。また、「読み」「書き」「計算」のみでなく、「話す」「聞く」「思考する」ことの障害もLDに含められ、これはその後のわが国の教育界や文部科学省の定義にも引き継がれることになった。

　一方、MBDに対しては、それがあまりにも広い包括的概念でしばしば「ゴミ箱」的に使用されることへの批判から、それを主として学習の問題を示すもの（純粋学習障害型）、主として行動上の問題を示すもの（純粋多動型）、およびその混合型に分けて理解すべきとの指摘が1970年代になされるようになった。わが国のMBD研究に先鞭をつけた鈴木は、主症状からMBDを、①多動性行動異常、②学習障害（(a)読字困難、(b)算数障害、(c)発達性言語障害）、③微細運動障害、④認知障害、⑤混合型、に分類した[1]。

　こうしたMBD概念の解体を決定的にしたのが、米国精神医学会が1980年に発表したDSM-Ⅲと、1987年の改定版であるDSM-Ⅲ-Rであり、これらはわが国における小児神経学および児童精神医学にも大きな影響を及ぼすことになった。不注意、多動など行動上の問題は、DSM-Ⅲでは「注意欠陥障害（Attention Deficit Disorder：ADD）」（この中に多動を伴うものと伴わないものが区別される）、DSM-Ⅲ-Rでは「注意欠陥・多動障害（Attention-deficit Hyperactivity Disorder：ADHD）」として記述され、「精神遅滞」「広汎性発達障害」「特異的発達障害」とは別のカテゴリーに区別された。一方「特異的発達障害」のなかに、DSM-Ⅲでは「発達性読み方障害」「発達性計算障害」「発達性言語障害」「発達性構音障害」が並列的に記述されていたが、DSM-Ⅲ-Rでは、「学習能力障害（Academic Skills Disorders）」として、①「発達性計算障害」、②「発達性表出性書字障害」、③「発達性読み方障害」が特定され、それとは別立てで「言語と会話の障害」として①「発達性構音障害」、②「発達性表出性言語障害」、③「発達性受容性言語障害」が、「運動能力障害」として「発達性協調運動障害」が含まれることになった（図2-1、2-2）。ここで、医学におけるLDは、読み、書き、計算に限定されることになった。

第2章　医学領域における学習障害——MBDから限局性学習症へ　21

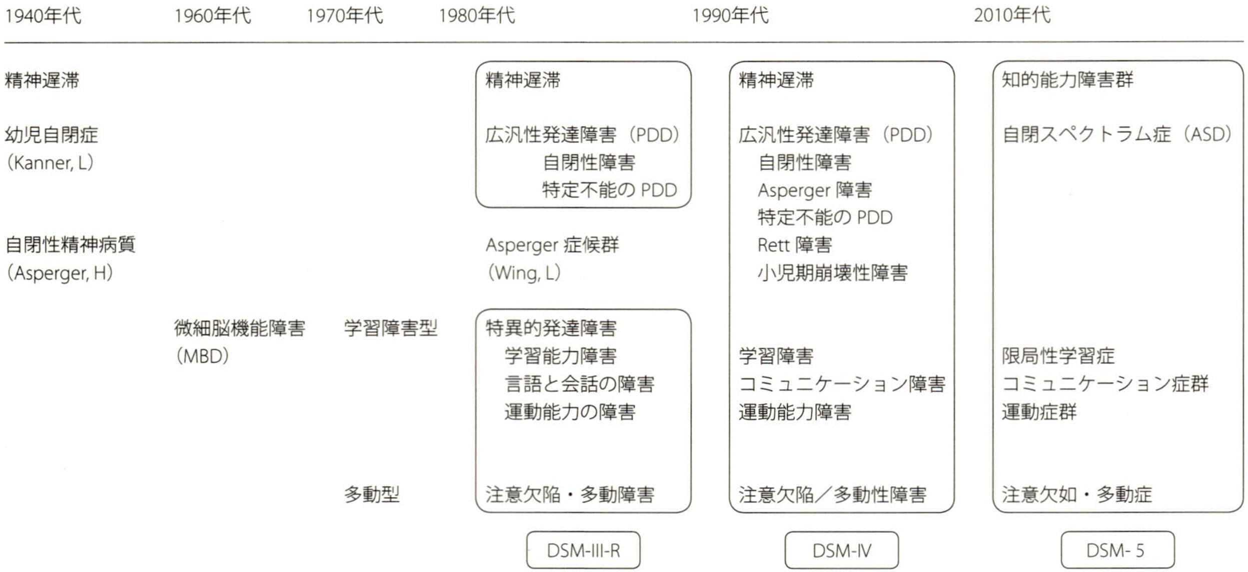

| 1940年代 | 1960年代 | 1970年代 | 1980年代 | 1990年代 | 2010年代 |

1940年代

精神遅滞

幼児自閉症
(Kanner, L)

自閉性精神病質
(Asperger, H)

1960年代

微細脳機能障害
(MBD)

1970年代

学習障害型

多動型

1980年代

精神遅滞

広汎性発達障害 (PDD)
　自閉性障害
　特定不能の PDD

Asperger 症候群
(Wing, L)

特異的発達障害
　学習能力障害
　言語と会話の障害
　運動能力の障害

注意欠陥・多動障害

DSM-III-R

1990年代

精神遅滞

広汎性発達障害 (PDD)
　自閉性障害
　Asperger 障害
　特定不能の PDD
　Rett 障害
　小児期崩壊性障害

学習障害
コミュニケーション障害
運動能力障害

注意欠陥／多動性障害

DSM-IV

2010年代

知的能力障害群

自閉スペクトラム症 (ASD)

限局性学習症
コミュニケーション症群
運動症群

注意欠如・多動症

DSM-5

図2-1 発達障害の医学的概念の変遷

図2-2 学習障害（LD）の医学的概念の変遷

ちなみに、「広汎性発達障害」は、DSM-Ⅲ-Rにおいても「自閉性障害」と「特定不能の広汎性発達障害」の記述しかなく、のちにいわゆる軽度発達障害の一つとしてはなばなしい脚光を浴びることになる「アスペルガー症候群」が含まれていないことは、次項との関連において注目に値する。今日、医学的に発達障害に含まれる諸概念の歴史的変遷を図2-1に示し、それぞれの時点でDSMに取り上げられたものを四角で囲った。

　こうして、わが国でも1980年代後半には、MBDという包括的概念は徐々に使用されなくなり、行動面の問題はADHDに、学習面の問題は特異的発達障害に大きく二分割され、後者はさらに学習能力、言語能力、運動能力の習得の障害へと細分類されることになった。

いわゆる非言語性LDについて

　1980年代後半から90年代前半にかけて、わが国の小児医療の現場では、LDの診断にウェクスラー（Wechsler）式知能検査（WISC〔当時はWISC-R〕）のプロフィールを重視する傾向が強かったように思われる。すなわち、言語性IQと動作性IQの乖離に注目し、前者が有意に低いものを「言語性LD」、後者が有意に低いものを「非言語性LD」と分類し、それと症状との関連が検討された。

　その根拠となったのが、心理測定に基づいた心理神経学的研究であった。カナダのルークは、「非言語性LD（NLD）」の基本的障害として、触覚の異常、運動協応の不良、視空間認知・視覚的体制化の異常を想定し、その結果、①新規なあるいは複雑な情報や状況の処理困難、注意や探索行動の不良、非言語的問題解決や概念形成の困難、時間概念の歪みなどがもたらされ、②聴覚認知は相対的に優れ、言語の音韻、語彙や表出、読字や書字、逐次的記憶は正常に保たれるが、言語の語用面や読み理解、算数は苦手であり、③社会的知覚や判断の不良により対人場面での状況の読み取りが正確にできず、対人場面での不安や社会的孤立を招きやすい、と報告した。

　こうしたタイプの子どもたちには、臨床の中でたしかに稀ならず遭遇す

る。しかし、DSM-III-Rにはこうした子どもたちへの診断的受け皿が存在しなかった。そのため、医学的診断基準にはない非言語性LDという概念を援用せざるをえなかったというのが当時の偽らざる実情であったといえる。

　それが、1992年のICD-10、さらに1994年のDSM-IVにおいて、「アスペルガー症候群（障害）」という新概念が登場したことによって、事態は一変した。これは、新しい概念の登場によって、まったく新しい展望が開けてくるということの好例であるといえよう。こうして、非言語性LDの大多数が、実はアスペルガー症候群であることが次第に明らかとなった。ルークらも、アスペルガー症候群はNLDのほとんどすべての神経心理学的特性を有することを認めた。また、スウェーデンのジルベリらは、ADHDと運動および知覚の問題をもつものを「DAMP（Deficits in attention, motor control and perception）症候群」と名づけ、長期間の前方視的コホート調査を行った結果、高率にアスペルガー症候群の特性を示すことを報告した。

　以上概観したように、非言語性の問題を強く示すものは、自閉スペクトラム症（とくにアスペルガー症候群）との親和性を有しており、学習能力の獲得の障害であるLDとは区別して考えるのが妥当であろう。しかし一方では、ルークがNLDの基本的障害としたものが、アカデミックスキルの習得にも影響を及ぼすことはたしかであると思われ、こうした場合には自閉スペクトラム症とLDの併存診断も考慮されるべきであろう。[2]

今日の医学におけるLD概念

　ICD-10／DSM-IVにおけるアスペルガー症候群（障害）の導入により、それまでいわばインフレーション状態にあったLD概念は、本来の学習能力の獲得の障害へと収束することになった。2013年に刊行されたDSM-5でもLDに関して、DSM-IV（および2000年のtext revisionであるDSM-IV-TR）を基本的には踏襲している。DSM-5に到るLD概念の歴史的変遷を図2-2に示した。このDSM-5でのLDの記述について、DSM-IVと比較しつつ概観することにする。[3]

第2章　医学領域における学習障害──MBDから限局性学習症へ　　25

DSM-Ⅳ で は、DSM-Ⅲ-Rの「Academic Skills Disorders」 の 表 記 が「Learning Disorders」に改められ、このなかに「読字障害」「算数障害」「書字表出障害」が含まれた。「算数障害」には、数学的推論の障害も含まれ、DSM-Ⅲ-Rの計算の障害に比べ、より拡張された概念になった。さらに、DSM-5では「神経発達症群」の一つとして、「限局性学習症」（Specific Learning Disorder）と呼ばれることになった。このspecificという表現はICD-10でも用いられ、そこでは「特異的」という訳が当てられているが、意味するところは同じで、「知的能力障害」による全般的な学習困難と区別する目的で用いられている。ちなみに、最近（2018年6月）公表されたICD-11では、LDは「発達性学習症」（Developmental Learning Disorder）と表記され、上記3つのタイプの他に、「他の特定される学習不全を伴う発達性学習症」（Developmental learning disorder with other specified impairment of learning）が追加されている。

　DSM-5では、4つの診断基準が挙げられている。基準Aは、正規の学校教育期間中に明らかとなる、基本的な学業的技能を学習することの持続的困難さであり、従来どおり読字の障害、書字表出の障害、算数の障害が区別される。基準Bは、障害のある学業的技能においては、成績がその年齢の平均より有意に低いことで、これは個別の標準化された到達尺度（学力検査）および総合的な臨床評価で確認される。基準Cは、大多数においては、学習困難は低学年のうちに明らかになる（ただし、一部では学習的要求が増大してその人の限られた能力を超えてしまう高学年になるまで、明らかにならないこともある）。基準Dは、鑑別診断であり、知的能力障害や感覚器の異常、他の精神または神経疾患、環境要因等によっては説明ができないものに限定される。さらに、これら4つの診断基準は、発達歴、病歴、家族歴、教育歴、成績表、心理教育的評価などの臨床的総括に基づいて満たされるべきであることが強調されている。

　「該当すれば特定せよ」とされる個々の障害においては、「読字の障害を伴う」ものは、読字の正確さ、読字の速度または流暢性、読解力が、「書字表出の障害を伴う」ものは、綴字の正確さ、文法と句読点の正確さ、書字表出

の明確さまたは構成力が、「算数の障害を伴う」ものは、数の感覚、数学的事実の記憶、計算の正確さまたは流暢性、数学的推理の正確性が、それぞれの構成要素として挙げられている。加えて、「現在の重症度を特定せよ」として、軽度、中等度、重度の三段階に分類することが求められている。

　鑑別診断に関しては、他の神経発達症や精神疾患との併存が多いため、基準Aで記述されている基本的な学業的技能の習得の困難さを別の診断で説明できるような所見がある場合は、限局性学習症の診断を下すべきではないと述べられている。また、限局性学習症では一般的に、認知処理に関する心理学的検査において低い成績を示すが、こうした認知的異常が、学習困難の原因なのか、関連したものなのか、あるいは結果なのかは現時点で不明のままであり、また他の神経発達症でも同様にみられるものなので、こうした認知処理の欠陥の存在は診断に必須ではない、とも述べられている。実際に、自閉スペクトラム症やADHDのある子どもが学習の困難さを示す場合、学習の困難さがこれらの特性から説明可能なのか、LDという別の診断名を必要とするのか、判断に迷う例は決して少なくない。こうした場合には、あまり心理検査の結果に拘泥することなく、LDの診断を加えることがその子どもの支援にとってより有用かどうかを、総合的な観点から判断することが求められよう。

おわりに

　医学におけるMBD概念と教育におけるLD概念は、ほぼ同じ時期に互いに手を取り合うようにして登場したが、その後の経緯の中で医学のほうが、教育に比べより狭義のアカデミックスキルに限定してLD概念を用いるようになった。しかし、DSM-IV以降、計算能力のみでなく推論能力も含めて算数障害とするなど、両者の差は多少縮まりつつあるようにも見える。話す、聞くといったコミュニケーション能力については、読み能力のレディネス形成に重要であることはたしかであろうが、それらもアカデミックスキルに含めて考えるかは議論のあるところであろう。

　今後、わが国でも特別支援教育の進展の中で、LDの診断を医療が教育か

ら求められる場面はますます増えていくことが予想される。LDと診断することが、教育の中での合理的配慮をより保証することにつながるのであれば、それは歓迎すべきことであろう。LDのみならず、子どものもつさまざまな発達特性をきちんと診断・評価して、それを適切な教育的支援につなげてゆくことは、医療に課せられた使命である。今後、ますます医療と教育の連携が深まり、それが子どもたちの幸せにつながることを期待したい。

〔参考文献〕
（1）鈴木昌樹『微細脳障害―学習障害児の医学』1-17頁、川島書店、1979年
（2）平林伸一「軽度発達障害の診断をめぐって―特に非言語性の障害について」『小児の精神と神経』42巻、145-152頁、2002年
（3）米国精神医学会編（高橋三郎、大野裕監訳、染矢俊幸、神庭重信、尾崎紀夫他訳）「限局性学習症／限局性学習障害」『DSM-5　精神疾患の診断・統計マニュアル』65-73頁、医学書院、2014年

第**3**章

日本における学習障害の頻度
——文部科学省の実態調査から

柘植雅義

本章の目的

　本章では、発達障害の可能性のある児童生徒の割合を明らかにすることを目的として、2002年および2012年に文部科学省が小中学校の通常学級を対象に実施した2回の調査結果を概観し、それらの調査結果から明らかになったこと、施策への貢献、そして、両調査の限界と今後の展望について述べる。

2003（平成15）年公表の調査

　2003年3月、文部科学省が設置した特別支援教育の在り方に関する調査研究協力者会議が取りまとめた報告書「今後の特別支援教育の在り方について（最終報告[4]）」が公表された（2002年2～3月に調査実施）。

調査の目的
　「学習障害（LD）、注意欠陥／多動性障害（ADHD）、高機能自閉症等、通常の学級に在籍する特別な教育的支援を必要とする児童生徒の実態を明らかにし、今後の施策の在り方や教育の在り方の検討の基礎資料とする[4]」

調査の方法

　全国5地域の公立小学校（1〜6年）および公立中学校（1〜3年）の通常の学級に在籍する児童生徒4万1579人を対象として、学級担任と教務主任等の複数の教員で判断のうえで回答するよう依頼した。これは、対象地域の全児童生徒数の2.5％にあたる。

　対象学校は370校で、回収率は98.9％、対象学級は4328学級で、回収率は98.6％であった。

　質問の試行による信頼度の確認とともに、諸外国の調査で利用された基準を踏まえて本調査における基準を設定した。

　①学習面（「聞く」「話す」「読む」「書く」「計算する」「推論する」）

　米国の研究者によるLDに関するチェックリスト（LDDI）、および、日本の研究者によるチェックリスト（LDI）（標準化中）を参考にして作成した（2016年現在では、標準化済みである）。

　②行動面（「不注意」「多動性―衝動性」）

　米国の研究者によって作成された、ADHDに関するチェックリスト（ADHD-RS）を参考にして作成した。

　③行動面（「対人関係やこだわり等」）

　スウェーデンの研究者によって作成された、高機能自閉症に関するスクリーニング質問紙（ASSQ）を参考にして作成した。

　以下に、その一部を抜粋する。

「聞く」「話す」「読む」「書く」「計算する」「推論する」から一部抜粋（LD）

・個別に言われると聞き取れるが、集団場面では難しい

・思いつくままに話すなど、筋道の通った話をするのが難しい

・勝手読みがある（「いきました」を「いました」と読む）

・文章の要点を正しく読みとることが難しい

・漢字の細かい部分を書き間違える

・句読点が抜けたり、正しく打つことができない

・限られた量の作文や、決まったパターンの文章しか書かない

・答えを得るのにいくつかの手続きを要する問題を解くのが難しい（四則
　混合の計算。2つの立式を必要とする計算）
・学年相応の文章題を解くのが難しい
・事物の因果関係を理解することが難しい
・目的に沿って行動を計画し、必要に応じてそれを修正することが難しい
（0：ない、1：まれにある、2：ときどきある、3：よくある、の4段
階で回答）

「不注意」「多動性─衝動性」から一部抜粋（ADHD）

・学校での勉強で、細かいところまで注意を払わなかったり不注意な間違
　いをしたりする
・手足をそわそわ動かしたり、着席していても、もじもじしたりする
・課題や遊びの活動で注意を集中し続けることが難しい
・授業中や座っているべき時に席を離れてしまう
・学習課題や活動を順序立てて行うことが難しい
・学習課題や活動に必要な物をなくしてしまう
・質問が終わらない内に出し抜けに答えてしまう
・順番を待つのが難しい
・他の人がしていることをさえぎったり、じゃましたりする
（0：ない、もしくはほとんどない、1：ときどきある、2：しばしばあ
る、3：非常にしばしばある、の4段階で回答）

「対人関係やこだわり等」から一部抜粋（高機能自閉症）

・特定の分野の知識を蓄えているが、丸暗記であり、意味をきちんとは理
　解していない
・含みのある言葉や嫌みを言われても分からず、言葉通りに受けとめてし
　まうことがある
・とても得意なことがある一方で、極端に不得手なものがある
・いろいろな事を話すが、その時の場面や相手の感情や立場を理解しない

・周りの人が困惑するようなことも、配慮しないで言ってしまう

・ある行動や考えに強くこだわることによって、簡単な日常の活動ができ
　なくなることがある

・自分なりの独特な日課や手順があり、変更や変化を嫌がる

・特定の物に執着がある

（0：いいえ、1：多少、2：はい、の3段階で回答）

調査の結果

　知的発達に遅れはないものの、学習面や行動面で著しい困難をもっている
と担任教師が回答した児童生徒の割合は6.3％である（小数点以下の四捨五
入の扱いにより、その他の数値から計算すると6.2％になる）。

　「学習面で著しい困難を示す」は4.5％、「行動面で著しい困難を示す」は
2.9％、「学習面と行動面ともに著しい困難を示す」は1.2％であった。なお、
「学習面で著しい困難を示す」とは、「聞く」「話す」「読む」「書く」「計算す
る」「推論する」の一つあるいは複数で著しい困難を示す場合であり、一
方、「行動面で著しい困難を示す」とは、「不注意」の問題、「多動性―衝動
性」の問題、あるいは「対人関係やこだわり等」の一つか複数で著しい困難
を示す場合である。

　次に、学習面や行動面の各領域で著しい困難を示す割合について述べる。
A：「『聞く』『話す』『読む』『書く』『計算する』『推論する』に著しい困難
を示す（その一つあるいは複数で著しい困難を示す場合）」が4.5％、B：
「『不注意』又は『多動性―衝動性』の問題を著しく示す」が2.5％、C：「『対
人関係やこだわり等』の問題を著しく示す」が0.8％であった。A・B・Cの
関連は、「AかつB」が1.1％、「BかつC」が0.4％、「CかつA」が0.3％、「A
かつBかつC」が0.2％であった。

　各領域の下位項目ごとの集計では、「『聞く』又は『話す』に著しい困難を
示す」が1.1％、「『読む』又は『書く』に著しい困難を示す」が2.5％、「『計
算する』又は『推論する』に著しい困難を示す」が2.8％、「『不注意』の問
題を著しく示す」が1.1％、「『多動性―衝動性』の問題を著しく示す」が2.3

％であった。

男女別の集計では、男8.9％、女3.7％であった。

コメント（とくに学習障害について）

日本初の発達障害に関する全国的な調査である。「6.3％」という結果は、その後の、発達障害者支援法の成立などの法整備や学校内外の体制整備などの設計や実施に大きく貢献した。とくに学習障害（LD）については、A：「聞く」「話す」「読む」「書く」「計算する」「推論する」といった、「学習面で著しい困難」を示す場合が4.5％と多く存在することがわかった。その一方で、「聞く」「話す」「読む」「書く」「計算する」「推論する」の領域ごとの困難の状態別（困難度別）の実態は把握できていない。また、個人別のこの6領域の困難な状態の分布も不明である。

2012（平成24）年公表の調査

2012年12月、「通常の学級に在籍する発達障害の可能性のある特別な教育的支援を必要とする児童生徒に関する調査」の結果が公表された（2012年2～3月調査実施）。

調査の目的

「特別支援教育が本格的に開始されてから5年が経過し、その実施状況について把握することが重要である。また、障害者の権利に関する条約に基づくインクルーシブ教育システムを今後構築していくに当たり、障害のある子どもの現在の状況を把握することが重要である。そのため、本調査により、通常の学級に在籍する知的発達に遅れはないものの発達障害の可能性のある特別な教育的支援を必要とする児童生徒の実態を明らかにし、今後の施策の在り方や教育の在り方の検討の基礎資料とする」[5]

調査の方法

実施主体：文部科学省が協力者会議を設け実施方法等について検討し、実施。

調査期間：平成24（2012）年2月から3月にかけて実施。

調査対象：全国（岩手、宮城、福島の3県を除く）の公立の小・中学校の通常の学級に在籍する児童生徒を母集団とする。

標本抽出方法：層化三段確率比例抽出法とする。

・学校を市郡規模と学校規模で層化する。

・標本学校数は、小・中学校のそれぞれ600校とし、各層への標本学校数の割り当ては、児童生徒数に比例割当とする。

・各層における標本学校の抽出は、児童生徒数による確率比例抽出とする（第一段抽出）。

・抽出された学校の各学年において、一学級を単純無作為抽出し標本とする（第二段抽出）。

・抽出された学級において、原則、男女それぞれ5名の児童生徒を単純無作為抽出し標本児童生徒とする（第三段抽出）。

標本児童生徒数：5万3882人（小学校：3万5892人、中学校：1万7990人）。

調査の結果

質問項目に対して担任教師が回答した内容から、知的発達に遅れはないものの学習面または行動面で著しい困難を示すとされた児童生徒の割合は、「学習面又は行動面で著しい困難を示す」が6.5％（6.2〜6.8％）、「学習面で著しい困難を示す」が4.5％（4.2〜4.7％）、「行動面で著しい困難を示す」が3.6％（3.4〜3.9％）、「学習面と行動面ともに著しい困難を示す」が1.6％（1.5〜1.7％）であった。なお、（　）は推定値（95％信頼区間）である。

「学習面で著しい困難を示す」とは、「聞く」「話す」「読む」「書く」「計算する」「推論する」の一つあるいは複数で著しい困難を示す場合を指し、一方、「行動面で著しい困難を示す」とは、「不注意」、「多動性—衝動性」、あ

るいは「対人関係やこだわり等」について一つか複数で問題を著しく示す場合を指す。

また、Ａ：「学習面で著しい困難を示す」が4.5％（4.2〜4.7％）、Ｂ：「『不注意』又は『多動性―衝動性』の問題を著しく示す」が3.1％（2.9〜3.3％）、Ｃ：「『対人関係やこだわり等』の問題を著しく示す」が1.1％（1.0〜1.3％）であった。図3-1〜3-3にそれぞれの児童生徒全体の分布状況を、表3-1に学年別の集計を示す。

コメント（とくに学習障害について）

ほぼ10年ぶりに行われた調査であった。基本的には、同じチェックリストを活用したものの、サンプリングの対象や方法の違いなどにより、単純に比較することはできないが、両調査により、おおよそ6〜7％の割合での、知的障害のない発達障害の可能性が明らかになった。とくに学習障害（LD）については、Ａ：「聞く」「話す」「読む」「書く」「計算する」「推論する」といった「学習面で著しい困難」を示す場合が4.5％と、先回の調査と同じ結果であった。また、今回の調査で、学習面における児童生徒全体の分布状況（図3-1）が示されたが、カットオフポイントに近いポイントのあたりに、連続して同様の値（％）がみられることがわかった。その一方で、学年進行にしたがって、学習面のつまずきの状態が減少していったことに対する改善策を検討する必要があることが指摘されている[3]。さらに、知的障害やそれに類似する状態を示す児童生徒や、視覚障害や聴覚障害等の他の障害のある児童生徒の学習上の状態は明らかにされていない。

両調査の意義と限界と今後

2002年および2012年に文部科学省が小中学校の通常学級を対象に実施した2回の調査結果の意義は大きく、知的障害のない発達障害の教育の充実発展に大きく貢献した。

その一方で、学習面のつまずきを実態に即してより詳細に把握すること、

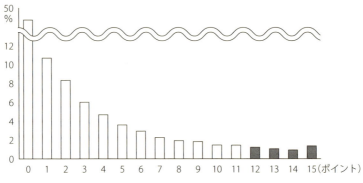

図3-1　学習面における児童生徒全体の分布状況（文献5）

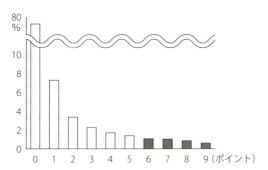

図3-2　「不注意」又は「多動性－衝動性」における児童生徒全体の分布状況（文献5）

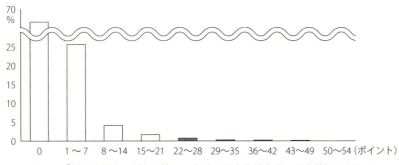

図3-3　「対人関係やこだわり等」における児童生徒全体の分布状況（文献5）

表3-1　知的発達に遅れはないものの学習面、各行動面で著しい困難を示す
とされた児童生徒の学校種、学年別集計（文献 5 ）

	〈小学校〉推定値（95% 信頼区間）			
	学習面又は行動面で著しい困難を示す	A	B	C
小学校	7.7% (7.3%〜8.1%)	5.7% (5.3%〜6.0%)	3.5% (3.2%〜3.7%)	3.0% (1.1%〜1.4%)
第 1 学年	9.8% (8.7%〜10.9%)	7.3% (6.5%〜8.3%)	4.5% (3.9%〜5.3%)	1.5% (1.1%〜1.9%)
第 2 学年	8.2% (7.3%〜9.2%)	6.3% (5.6%〜7.1%)	3.8% (3.2%〜4.5%)	1.5% (1.1%〜2.0%)
第 3 学年	7.5% (6.6%〜8.4%)	5.5% (4.8%〜6.3%)	3.3% (2.8%〜3.9%)	1.0% (0.7%〜1.3%)
第 4 学年	7.8% (6.9%〜8.8%)	5.8% (5.0%〜6.6%)	3.5% (2.9%〜4.2%)	1.2% (0.9%〜1.7%)
第 5 学年	6.7% (5.9%〜7.7%)	4.9% (4.2%〜5.7%)	3.1% (2.6%〜3.7%)	1.1% (0.9%〜1.5%)
第 6 学年	6.3% (5.6%〜7.2%)	4.4% (3.8%〜5.1%)	2.7% (2.2%〜3.3%)	1.3% (1.0%〜1.7%)

	〈中学校〉推定値（95% 信頼区間）			
	学習面又は行動面で著しい困難を示す	A	B	C
中学校	4.0% (3.7%〜4.5%)	2.0% (1.7%〜2.3%)	2.5% (2.2%〜2.8%)	0.9% (0.7%〜1.1%)
第 1 学年	4.8% (4.1%〜5.7%)	2.7% (2.2%〜3.3%)	2.9% (2.4%〜3.6%)	0.8% (0.6%〜1.2%)
第 2 学年	4.1% (3.5%〜4.8%)	1.9% (1.5%〜2.3%)	2.7% (2.2%〜3.3%)	1.0% (0.7%〜1.3%)
第 3 学年	3.2% (2.7%〜3.8%)	1.4% (1.1%〜1.9%)	1.8% (1.4%〜2.3%)	0.9% (0.6%〜1.3%)

小中学校に加えて幼稚園や高等学校も含めた調査が必要であること、ワンショットの調査ではなく縦断的研究が必要であること、さらに、一般母集団を対象とした、すべての児童生徒の学習の状況の把握が必要であること等が指摘されている。[3]

インクルーシブ教育の時代、その進捗を的確に把握しゴールを見極めるためにも、全国的な実態調査は今後も引き続き必要であろう。

〔文　献〕
（1）柘植雅義『学習障害（LD）―理解とサポートのために』中公新書、2002年
（2）柘植雅義『特別支援教育―多様なニーズへの挑戦』中公新書、2013年
（3）柘植雅義「発達障害の実態を探るための一般母集団を対象とした大規模調査の可能性と限界―文部科学省調査（2012）後に求められる調査とは」『LD研究』22巻、399-405頁、2013年
（4）文部科学省、特別支援教育の在り方に関する調査研究協力者会議「今後の特別支援教育の在り方について（最終報告）」2003年（http://www.mext.go.jp/b_menu/shingi/chousa/shotou/054/shiryo/attach/1361204.htm）
（5）文部科学省「通常の学級に在籍する発達障害の可能性のある特別な教育的支援を必要とする児童生徒に関する調査結果について」2012年（http://www.mext.go.jp/a_menu/shotou/tokubetu/material/1328729.htm）

第**4**章
発達性読み書き障害とは

宇野　彰

発達性読み書き障害とは

　発達性読み書き障害（developmental dyslexia）とは、トム・クルーズや
スピルバーグ監督がそうであるので有名で、知能は正常であったとしても、
努力しても文字の習得がなかなか困難な障害である。典型的な発達性読み書
き障害のある児童は、見ただけでもわからないし、話しただけでもわからな
い通常の児童である。しかし、なぜか勉強ができない、と思われていること
が少なくない。

　就学前11月の時点では、知能が十分に高くなくとも年長児は拗音を除くと
約93％もひらがなを読めているにもかかわらず、小学校中高学年になっても
ひらがなを完璧に習得できていない子どもたちがいる。また、漢字テストで
はなんとか合格できているのに、２ヵ月前に覚えたはずの漢字が半分以上思
い出せないという児童もいる。そして、音読することはできるのだが、読む
スピードが遅いために読解に時間が必要な子どももいる。また、書いてしま
えば文字の形は整っていても、文字を思い出して書くことが困難な子どもも
いる。

　このような子どもたちは、板書された文字列をノートに写すことに時間が

かかったり、困難だったりする。文字列を写すためには音韻化し、そして文字列化することが必要であるため、読み書きに何らかの問題のある子どもたちには大変不利な作業だからである。そして彼らの多くは、周囲から「怠けている」「努力不足」などと誤解されることが少なくない。しかし、神経生物学的な原因によるこの障害の出現頻度は、障害種の中で最も高いにもかかわらず、障害の内容についてはあまり知られていない。

ディスレクシアという用語について

developmental dyslexia（発達性ディスレクシア）は先天性と考えられ、発達期、とくに就学期前後に明らかになる障害である。直訳すると発達性読み障害だが、多くの場合「読み」の障害があれば「書き」の障害も出現するため、「発達性読み書き障害」と翻訳されることが多い。

また、単に「ディスレクシア」と訳されることもあるが、後天性の大脳損傷後に生じる成人や小児のディスレクシアと区別するために、「発達性」という表記を付記することが望ましい。この「ディスレクシア」という表記は、研究者によっては診断名で使用する場合と、読むことが障害されているという症状名（例：surface dyslexia や phonological dyslexia など）として使用する場合があるので、注意が必要である。研究者自身も気づかず、診断名としても症状名としても使用していることがあるようである。そのような点で、「読字障害」や「難読症」という用語は、発達性の「読み」の障害が「書字」障害を伴わず単独で出現するかのような誤解を生むだけでなく、診断名か症状名かも曖昧な表現であるため、使用の際には明確にする必要があろう。

出現頻度

「読み」障害に関する出現頻度は、各言語において報告されているが、「書字」障害に関しては報告がほとんどなく、宇野らの報告のみと思われる。前

述のように、「読み」障害に関する出現頻度が高い障害ではあるが、その頻度は文字言語の種類によって変わることが報告されている。

一般に、英語圏のように文字列から音韻列への変換が不規則（たとえば、"int"と表記された文字列は/int/と読むことが多いが、"pint"は/paint/と読むように一貫していない）な言語では出現頻度が高く、文字列から音韻列への変換が規則的なイタリア語、フィンランド語、スペイン語などでは出現頻度が低いと考えられている。日本語の文字言語体系は、文字列から音韻列への変換が不規則な漢字と規則的なひらがな・カタカナから構成されているため、読み障害が出現しやすい漢字で6.9％、出現しにくいひらがなで0.2％、カタカナで1.4％と、一つの言語の中で対照的な出現頻度となっている。ちなみに、書字障害の出現頻度は漢字6.0％、ひらがな1.6％、カタカナ3.8％と報告されている[24]。

また、変換が規則的な文字言語では、正答率や正答数などが指標となる正確性よりも音読所要時間や音読潜時が指標となる流暢性に焦点があてられることが少なくない。日本語の場合、ひらがなの単語と非語、カタカナの単語と非語、文章刺激を用いた調査では、2.8％の児童が音読の流暢性に問題を認めていた。総合して、40人の通常学級に3人ぐらいは発達性読み書き障害の児童がいる計算になる。

生物学的原因仮説

発達性読み書き障害が神経生物学的問題に起因することについては、世界中で異論はないと思われるが、その問題点についてはまだ明確にはわかっていない。ここでは、一部の説のみを説明する。

ガラブルダら[4]は、4名の発達性読み書き障害のある人たちの脳に異所性灰白質（ectopia）があることを発見している。この現象は細胞遊走（migration）の異常説で説明されている。赤ちゃんが母親のおなかの中にいる時期に、脳の細胞が移動することが知られている。しかし、細胞が行くべきところにまでたどりつかなかった場合、ないはずのところに細胞があり、

あるはずのところに細胞がない、という状態になる。このことが、異所性灰白質や小脳回（micro gyri）などを引き起こすのではないかと考えられているのである。ちなみに、異所性灰白質の出現しやすい部位は、左大脳のシルビウス溝周囲や側頭葉と後頭葉の結合領域を含んでいる。そしてこの領域は、文字言語を含む言語領域に関連していることがよく知られている場所なのである。

　また、出現頻度は男性に高く女性に低いことも知られているが、発達性読み書き障害のある人の大脳における構造異常に関しても性差があるという報告も少なくなく、今後の研究の発展が待たれている。

大脳機能低下部位

　発達性読み書き障害のある児童、成人の大脳機能低下部位についても多くの報告がある。日本語話者においても片野ら[7]、北ら[9]などの報告があるが、結果は必ずしも一致していない。fMRI（functional Magnetic Resonance Imaging）やPET（Positron Emission Tomography）では、対象者に何か課題を処理してもらっている間の脳機能を測定しているので、場合によっては課題の種類に影響されることもあるかもしれない。そこで、ここでは、大脳の構造的な異常をVBM（Voxel Based Morphometry）を用いて、機能的な異常をPETもしくはfMRIを用いて調べ、双方が同様の結果を示した報告について紹介する。

　シオクら[13][14]は、中国語での発達性読み書き障害例を対象にfMRIおよびVBMを用いて、双方において左前頭葉にある中前頭回に問題があることを示した。しかし、その後、発達性読み書き障害と左中前頭回の関与について明確に示した研究はなく、中国での発達性読み書き障害の診断評価法も含めて今後の研究の進展が待たれる。

　一方、パウレスら[10]は、英国、イタリア、フランスの発達性読み書き障害成人例を対象にPETを用いて調べ、活動が低かった部位が左側頭葉と後頭葉の結合領域であることを報告した。大部分が同じ対象例に関してVBMを用

いて測定したところ、類似の部位での灰白質の量や音韻処理に関連する弓状束の接続に問題があることが示されている。

このように、構造と機能のデータが一致した研究であっても結果が異なっている。これは言語の特徴の違いによるものなのか、手法の違いによるものなのかについては、まだ見解が一致していない。

発達性読み書き障害に関与する認知能力

英語圏では、発達性読み書き障害の背景となる認知障害が音韻障害であることについて広く受け入れられており、国際ディスレクシア協会の定義の中に記載されているほどである（表4-1）。しかし、1999年から英語圏においても呼称速度障害を含めた二重障害仮説が唱えられているほど、音韻障害だけでは説明が困難な症例がいることが指摘されている。また、聴覚障害説もある。聴覚障害児は文字習得が遅れることはあるものの、発達性読み書き障害にはならないことを説明できないため、疑問視している研究者も少なくない。他には小脳障害説もある。小脳は自転車の運転や水泳、タイピングもしくは読むことなどのように熟練した運動における自動化の役割を担っているため、その障害により読みの自動化が阻害され、スピードが遅くなる、という説である。音韻障害説と異なるように思えるが、一部は音韻障害説に起因する障害仮説なのである。たとえば、小脳の障害により構音スキルの低下を招き、構音の曖昧さが弱い音韻表象成立につながり、結果的に「読み」の障害を引き起こす、という説である。このように聴覚障害説や小脳障害説の一部は音韻障害説と強く結びついていることになる。

フランス語ではVAS（Visual Attention Span）障害説が唱えられている。200ミリ秒という短い提示時間の間に視覚的に把握できる力が弱いのではないか、という説である。他の科学者により、割合としては少ないが、その純粋例もいることが確認されている。

日本語においては、音韻障害単独でも、視知覚や視覚記憶を含む視覚認知障害単独でも、呼称速度障害単独でも、発達性読み書き障害の原因になって

表4-1　国際ディスレクシア協会の定義
（International Dyslexia Association、2003より筆者訳）

> Dyslexia は、神経生物学的原因による特異的学習障害である。その特徴は、正確かつ（または）流暢な単語認識の困難さであり、綴りや文字記号音声化の拙劣さである。こうした困難さは、典型的には、言語の音韻的要素の障害によるものであり、しばしば他の認知能力からは予測できないものであり、また、通常の授業も効果的ではない。二次的には、結果的に読解や読む機会が少なくなるという問題が生じ、それは語彙の発達や背景となる知識の増大を妨げるものとなり得る。

いることがわかっている。[27]しかし、多くの発達性読み書き障害のある日本語話者児童は、前述の３種類のうち、２種類か３種類の複合された認知障害が原因となっている。

定義から考えられる診断評価

　発達性読み書き障害は学習障害の中核である。現在、日本では確立された診断評価法はまだないが、文部科学省（表4-2）やDSM-5の学習障害の定義、国際ディスレクシア協会（表4-1）および発達性ディスレクシア研究会（表4-3）の定義から考えれば、①知能検査、②読み、書きの習得度、および環境要因を排除するための③文字習得に関連する要素的な認知検査などを組み合わせて行うことになる。

　はじめに、全般的知能を測定する。文部科学省の学習障害の定義では、全般的知能が正常であることが学習障害の条件であるからである。医学界の定義においても、WHOの定義であるICD-10によれば、全般的知能と習得度との乖離を調べる必要がある。ただし、米国精神医学会のDSM-5では、全般的知能との乖離という表現はなくなり、年齢相当の習得度との乖離を条件としている。英語圏でも日本語圏でも、知能が正常である発達性読み書き障害児童と全般的知能が十分ではない読み書きの問題がある児童との間で、文字習得に関与する認知障害の種類や程度に大きな差がないという報告が背景にあると思われる。[12][15]また臨床的には、全般的知能の程度によっては、トレーニングの効果や維持率が異なるので、事前に調べておく必要がある。

44

表4-2　学習障害の定義（文部省、1999）

学習障害とは、基本的には全般的な知的発達に遅れはないが、聞く、話す、読む、書く、計算する又は推論する能力のうち特定のものの習得と使用に著しい困難を示す様々な状態を指すものである。

学習障害は、その原因として、中枢神経系に何らかの機能障害があると推定されるが、視覚障害、聴覚障害、知的障害、情緒障害などの障害や、環境的な要因が直接の原因となるものではない。

表4-3　発達性ディスレクシアの定義（発達性ディスレクシア研究会、2016）

発達性ディスレクシアは、神経生物学的原因による障害である。

その基本的特徴は、文字（列）の音韻（列）化や音韻（列）に対応する文字（列）の想起における正確性や流暢性の困難さである。

こうした困難さは、音韻能力や視覚認知力などの障害によるものであり、年齢や全般的知能の水準からは予測できないことがある。聴覚や視覚などの感覚器の障害や環境要因が直接の原因とはならない。

次に、読み書きに関する習得度を調べる。発達性読み書き障害における「読み」とは、文字列から音韻列に変換する「decoding（デコーディング）」のことである。それとは反対に、「書き」とは、音韻列から文字列への変換、すなわち「encoding（エンコーディング）」のことである。そのため、読み書きの習得度ではひらがな、カタカナ、漢字の正答数や正答率を指標とする正確性に関する文字表記別習得度や、読みに関してはスムーズに読めているかどうかの音読潜時や音読所要時間で測定される流暢性などについて調べる。

最後に、学習の遅れが環境要因に起因しないことを示すためには、後述する文字習得に関連する認知能力を調べることが重要である。

具体的な検査

知能検査としては、ウェクスラー知能検査（WISC-Ⅳ）[19]やレーヴン色彩マトリックス検査[16]を用いる。レーヴン色彩マトリックス検査は、成人失語症例の知能検査として用いられることが多いが、小学生の知能検査との相関が

高いことから、日本においても海外においても、簡便な知能検査として用いられている。各学年の基準値は、宇野ら[21]、もしくは後述する『小学生の読み書きスクリーニング検査（STRAW）[22]』『標準読み書きスクリーニング検査（STRAW-R）[26]』に記載されている。

　読み書きの習得度に関して、LDI-R[20]などの質問紙法は簡便だが、記入者の観察の鋭敏さに依存する点が弱い。一方、個別や集団での直接検査法では、客観的なデータを得ることができる。漢字、カタカナ、ひらがな３種類の表記それぞれの正確性について音読と書字を測定できる検査は、現在のところSTRAWとSTRAW-Rのみと思われる。どちらも約15分で終了可能である。K-ABCⅡ[3]にも音読と書字の項目がある。一方、流暢性の検査としては『特異的発達障害診断・治療のための実践ガイドライン[17]』のひらがな音読検査課題がある。これは、読み書きに関連する検査の中で唯一、保険診療の対象となっている検査である。しかし、用いている刺激はひらがな刺激だけであるため、カタカナや漢字の障害には対応が難しい、書字障害には対応していない、基準値が高いという特徴がある[8]。一方、STRAW-Rでは、ひらがな単語と非語、カタカナ単語と非語、文章を刺激とした速読課題が用いられている。対象者は小学１年生から高校３年生までである。大学入試センター試験での試験時間の延長を希望する受験生にも対応していることになる。

　ひらがなの習得に関しては、天野[1]をはじめとして音韻認識能力が重要であるという研究があり、その後も引き続き音韻認識障害説が主流だったが、他の認知能力を独立変数として比較していなかったという大きな問題点があった。近年における研究では、音韻認識能力に加えて自動化能力の重要性が指摘され[6]、さらに視覚認知能力の関与を示唆する報告もある[23]。カタカナに関連する認知能力については、ひらがなとほぼ同様のようである。漢字の音読に関しては語彙力や音韻認識能力の関与が、漢字書字に関しては視覚認知能力の関与が報告されている[24]。

　以上のような基礎的研究に基づくと、音韻認識能力、視知覚や視覚記憶を含む視覚認知力、文字や記号から音にスムーズに変換する自動化能力、および語彙力などの検査が重要であると思われる。音韻認識検査としては、単語

や非語の逆唱、非語の復唱、視知覚検査としては線画同定課題、視覚記憶検査としてレイオストリート複雑図形検査（Rey-Osterrieth Complex Figure Test：ROCFT）、自動化能力を測定する検査としてはSTRAW-Rに含まれるRAN（Rapid Automatized Naming）、語彙力検査としてはSCTAW（標準抽象語理解力検査[5]）やPVT-R（絵画語い理解力検査[18]）などの受容的語彙力検査に加えて、表出性語彙力検査としてはK-ABC II での「表現語彙」が使用可能である。

音読の流暢性の発達およびその障害

　子どもたちは、小学1年生から2年生にかけて音読速度が有意に速くなることが報告されている[11]。単語と非語を比べると、小学1年生では文字数が多くなると単語も非語も音読潜時が有意に長くなるが、交互作用はない。しかし、2年生になると交互作用が認められる。すなわち、2年生になると文字数が多くなるにつれて、かつ非語のほうが単語に比べて有意に潜時が長くなるのである。この現象は、読む際、1年生時には文字列を一文字ずつ音読していくが、2年生になると徐々に文字列をまとまりとして読む段階に入っているため、単語は速く音読できると解釈される。ところが、発達性読み書き障害例では成人になっても、前述の交互作用が観察されない。すなわち、単語も非語と同じストラテジーで読んでいることが推察されるのである。

根拠に基づく指導法

　発達性読み書き障害のある児童は、通常の書いて覚えるという練習方法では文字の習得が困難な児童である。長い時間にわたって通常の練習方法にて意欲を維持するのは難しい。認知能力の中の弱い能力を無理して使わず、迂回させるように強い他の能力でカバーする練習方法がいくつかの根拠のあるデータに基づいてわかってきている。したがって、児童のさまざまな認知能力を客観的に調べることが重要になる。

ひらがな、カタカナの読み書きに関しては、３種類の条件を満たした場合、平均40日間で例外なく完璧に習得できる方法が報告されている[25]。その３種類の条件とは、知能が正常であること、音声言語の長期記憶が良好であることがレイの聴覚言語性学習テスト（Rey's Auditory Verbal Learning Test：AVLT）で確認されていること、および発達性読み書き障害のある本人が練習方法を変えて習得したいという明確な意思を有していることである。この本人の意思は、小学１年生であっても明確である。児童や生徒の場合、学年や年齢をそれほど考慮しなくてよいと思われる。読み書きの練習は、歩く練習に似ている。視覚や聴覚など感覚器の問題がある場合とは異なり、本人がその気になって一歩足を前に出す意思がないと、練習が難しい側面がある。そのような意味で、本人の意思が大変重要なのではないかと考える。

　漢字の練習は、ひらがなやカタカナとは異なり、覚えなければならない量が大変多い。練習方法を変える場合には、本当にその方法が有効であるかどうか本人や家族が納得できないと、長期間にわたる効果が認めにくくなる。練習方法を変更することに納得できていない児童は、結局通常の書いて覚える練習方法に戻ってしまう場合がある。子どものもつ認知機能のうち、強い認知能力で弱い認知能力をカバーしていくためには、やはり詳細な認知能力検査が必要である。そして、根拠を示せる練習方法と、通常の書いて覚える方法とを実験的に比較する時期を設定するのも一つの方法であると思われる。根拠に基づいた漢字の練習方法についても、ひらがな、カタカナと同様に３条件を満たした場合に有効であることが示されている報告がある[2]。参考になろう。

成人になった発達性読み書き障害例

　成人した発達性読み書き障害のある方々に半構造化面接調査を実施した。その結果、成人後も通常の生活の中で読み書きに困っているものの、発達性読み書き障害であることを職場で開示している人は一人もいなかった。開示しても理解してもらえず、支援はないだろうというあきらめの気持ちがある

点において共通であった。発達性読み書き障害、すなわち学習障害という診断名で精神障害者保健福祉手帳をもっている人は11名中1名だけであった。これは、比較対照群である視覚障害者群と異なる結果であった。障害者手帳を取得しない理由としては「精神障害」という名称に納得できない例や、「まだ必要ない」という意見があった。

　以上の結果から、まだ発達性読み書き障害が他の障害に比べて、その実態が知られていないことや、受け入れられていない状況があると思われる。広く周知され、理解されることが求められている。

〔引用文献〕
（1）天野清『子どものかな文字の習得過程』秋山書店、1986年
（2）粟屋徳子、春原則子、宇野彰他「発達性読み書き障害児における聴覚法を用いた漢字書字訓練方法の適用について」『高次脳機能研究』32巻、294-301頁、2012年
（3）藤田和弘、石隈利紀、青山真二他『K-ABCⅡ心理・教育アセスメントバッテリー』丸善出版、2014年（Kaufman, A.S., Kaufman, N.L.: *Kaufman Assessment Battery for Children. 2nd edition.* NCS Pearson, Inc., 2004.）
（4）Galaburda, A.M., Sherman, G.F., Rosen, G.D. et al.: Developmental dyslexia: four consecutive patients with cortical anomalies. *Ann Neurol* 18: 222-233, 1985.
（5）春原則子、金子真人、宇野彰監修『標準抽象語理解力検査＝The standardized comprehension test of abstract words（SCTAW）』インテルナ出版、2002年
（6）猪俣朋恵、宇野彰、酒井厚他「年長児のひらがなの読み書き習得に関わる認知能力と家庭での読み書き関連活動」『音声言語医学』57巻、208-216頁、2016年
（7）Katano, S., Moriguchi, Y., Ohnishi, T. et al.: Cortical activation of Japanese developmental dyslexic/dysgraphic adults and children during a working memory task with novel Chinese characters/non-verbal figures. *Dyslexia Review* 20: 29-34, 2009.
（8）川崎聡大、石野絵美子「発達障害との真の共生に向けて―発達障害を取りまく社会環境の変遷」天田城介、川崎聡大、伊藤智樹編『社会的弱者との真の共生を目指して―医療・福祉・教育の連携と提言』114-149頁、富山大学『東アジア「共生」学創成の学際的融合研究』、2013年
（9）Kita, Y., Yamamoto, H., Oba, K. et al.: Altered brain activity for phonological manipulation in dyslexic Japanese children. *Brain* 136: 3696-3708, 2013.
（10）Paulesu, E., McCrory, E., Fazio, F. et al.: A cultural effect on brain function. *Nat Neurosci* 3: 91-96, 2000.
（11）Sambai, A., Uno, A., Kurokawa, S. et al.: An investigation into kana reading development in normal and dyslexic Japanese children using length and lexicality effects.

Brain Dev 34: 520-528, 2012.

（12）三盃亜美、宇野彰、春原則子他「全般的な知的水準が境界領域であった読み書き障害群の認知能力」『LD研究』25巻、218-229頁、2016年

（13）Siok, W.T., Perfetti, C.A., Jin, Z. et al.: Biological abnormality of impaired reading is constrained by culture. *Nature* 431: 71-76, 2004.

（14）Siok, W.T., Niu, Z., Jin, Z. et al.: A structural-functional basis for dyslexia in the cortex of Chinese readers. *Proc Nati Acad Sci U S A* 105: 5561-5566, 2008.

（15）Snowling, M.J.: *Dyslexia. 2nd edition*. Blackwell, 2000.（加藤醇子、宇野彰監訳『ディスレクシア　読み書きのLD─親と専門家のためのガイド』東京書籍、2008年）

（16）杉下守弘、山﨑久美子『レーヴン色彩マトリックス検査（Raven's Coloured Progressive Matrices）』日本文化科学社、1993年

（17）特異的発達障害の臨床診断と治療指針作成に関する研究チーム編集、稲垣真澄『特異的発達障害診断・治療のための実践ガイドライン─わかりやすい診断手順と支援の実際』診断と治療社、2010年

（18）上野一彦、名越斉子、小貫悟『PVT-R絵画語い発達検査』日本文化科学社、2008年

（19）上野一彦、藤田和弘、前川久男他『WISC-Ⅳ知能検査』日本文化科学社、2010年（Wechsler, D.: *Wechsler Intelligence Scale for Children. 4th edition*. NCS Pearson, Inc., 2003.）

（20）上野一彦、篁倫子、海津亜希子『LDI-R─LD判断のための調査票─手引』日本文化科学社、2005年

（21）宇野彰、新家尚子、春原則子他「健常児におけるレーヴン色彩マトリックス検査─学習障害児や小児失語症児のスクリーニングのために」『音声言語医学』46巻、185-189頁、2005年

（22）宇野彰、春原則子、金子真人他『小学生の読み書きスクリーニング検査─発達性読み書き障害（発達性dyslexia）検出のために』インテルナ出版、2006年

（23）宇野彰、春原則子、金子真人他「発達性dyslexiaの認知障害構造─音韻障害単独説で日本語話者の発達性dyslexiaを説明可能なのか？」『音声言語医学』48巻、105-111頁、2007年

（24）Uno, A., Wydell, T.N., Haruhara, N. et al.: Relationship between reading/writing skills and cognitive abilities among Japanese primary-school children: normal readers versus poor readers (dyslexics). *Reading and Writing* 22: 755-789, 2009.

（25）宇野彰、春原則子、金子真人他「発達性読み書き障害児を対象としたバイパス法を用いた仮名訓練─障害構造に即した訓練方法と効果および適応に関する症例シリーズ研究」『音声言語医学』56巻、171-179頁、2015年

（26）宇野彰、春原則子、金子真人他『STRAW-R 改訂版 標準読み書きスクリーニング検査─正確性と流暢性の評価』インテルナ出版、2017年

（27）宇野彰、春原則子、金子真人他「発達性ディスレクシア（発達性読み書き障害）の背景となる認知障害─年齢対応対照群との比較」『高次脳機能研究』38巻、267-270頁、2018年

第**5**章
読字の発達とその障害の検出法

稲垣真澄

はじめに

　平成17（2005）年4月の発達障害者支援法の施行から10年以上が過ぎて、医学的に学習障害と診断されるグループ、すなわち文字の読み書きや算数に特異的に支障のある子どもたちは確実に存在することが医療者（小児科医）にも理解されてきた。それは、筆者の勤務する施設に対して、近郊のクリニックのドクターから学習の問題を抱える小学生、中学生をくわしく診てほしいと紹介されるケースが増えていることからも実感される。

　そのグループは行動面の問題を伴うことによって気づかれることもある。しかし、学習面だけの問題が隠れている時にはクラスの中で目立たない存在であるため、担任の先生にも気づかれにくい。なかには保護者が漠然と問題意識をもっているだけ、といった子どもたちも見受けられる。

　このようにひっそりと存在している学習障害は「顕在化しにくい発達障害」とも言える。学習障害は最新の精神医学的診断分類では「限局性学習症」ないし「限局性学習障害」（specific learning disorder）という名称に変わっている。限局性学習症は、読字の障害を伴う型、書字表出の障害を伴う型、算数の障害を伴う型の3つに分けられる。この中で代表的なものは、読字の障害を伴う型である。本章は、読字障害の判定にあたり理解しておくべき読字の定型発達とその障害について、われわれの知見もまじえて検出法の

特徴を述べていく。

ひらがな音読の発達

　読字の障害を伴う限局性学習症（発達性読み書き障害）の臨床症状は、児童期初期において最も顕在化しやすい。読み書きの障害と聞くと、「まったく文字が読めない・書けない」と短絡的に考えやすいが、実際に彼らの示す状態は多彩なものである。その点で、健康な子どもたちが示す、ことばや文字に関する道筋を理解しておくことは重要と思われる。

　ことばや文字に関する発達は通常、以下のようである。生後9〜15ヵ月頃におよそ90％の子どもが、初めて意味のある単語を自分で話すようになる。[3]子どもの語彙増加の速度は一律ではなく、一語発話初期には少しずつ語彙獲得が進んでいく。表出語彙が50語になる19〜24ヵ月には語彙爆発（vocabulary spurt）がみられ、その内容は主に具体名詞からなる。子どもの表出語彙が100語を越えた頃から、総表出語彙数に述語が占める割合が増大する。文法発現は20ヵ月頃に出現する二語発話である。

　2歳を過ぎる頃から、子どもは自分の経験を語り始める。そして、繰り返し読んでもらったお気に入りの絵本を丸暗記して、頁をめくりながら、あたかも読んでいるかのようにふるまうことが観察される。したがってこの時期は、主体的な読字行為の芽生えの時期ともいえる。3歳過ぎには、自分の名前や年齢を言いながら、直線を組み合わせたり曲線や丸を加えたりした文字様形態をクレヨンで描いて大人に見せるなどする。そして多くの子どもは、自分の名前に含まれているひらがなを最も身近な文字として最初に学習していく。

　子どものほとんどは就学前にひらがな読みが可能であり、文字形態は不整でも自分の名前を書くことができる。国立国語研究所のひらがな文字の習得状況の調査によると、平均年齢5歳1ヵ月の幼稚園年中児クラスでは、かな文字が一文字も読めない子どもが9.3％いたが、平均年齢6歳1ヵ月の年長児クラスでは1.1％に激減し、21文字以上読める子どもは81.6％に到達したと

される。最近の研究によれば、45文字のひらがなを年長児に読ませたところ、85％の幼児が40文字以上読めており、年中児でもおよそ半数はすでに40文字以上読めているという[4]。

　将来の文字の読み能力にかかわることが予想される音韻意識は、幼児期後半に著しく発達する。この力は、“くるま”という言葉を聞いた時に、「３つの音で構成されている」「真ん中の音は“る”である」などといったことをスムーズに理解する（それぞれ、語の音韻分解と音韻抽出を行う）力といえる。幼児期の子どもたちは日常生活の中で音韻認識の発達にかかわる遊びを行っている。十分な音韻認識をもたない段階から、ことば遊び歌を歌い（たとえば、「こぶた・たぬき・きつね・ねこ」や「ドは、ドーナッツのド」）、しりとり遊びに加わって遊ぶ。このように子どもたちは遊び仲間からヒントを与えられ、遊び参加を通じてことばをやりとりして、音韻認識を身につけると考えられる[5]。

　読字障害の子どもの場合、日常生活における文字への関心が乏しい様子やしりとりなど音韻認識の発達にかかわる遊びにうまく参加できないことが観察される。自分の名前の読み書きを繰り返し教えても、できるようになるまで時間を要することが多い。また、線画や数字の呼称スピードが遅い子どもたちの中には、就学後のかな文字音読が遅い場合があると指摘されている[6]。

　学童期以降の音読の発達について、筆者らは仮名表記の単音、単語（有意味単語）、非単語（無意味単語）、単文の４種類の音読課題を作成した。対象は関東および関西地方在住の小学生528名（男児267名、女児261名）として、各課題の音読時間、誤読数に注目して解析した[7]。

　そのうち①単音速読課題は、ひらがな50個からなるリストを作成し、音読を求めた。②単語速読検査の提示語は、ひらがな４文字からなる有意味単語３列10個合計30個（③非単語速読課題の場合も同様に、無意味単語30個）のリストを作成し、音読を求めた。④単文は小児版Token testの中から３文[8]すなわち、「青い丸にさわってから赤い四角にさわってください」「赤い丸ではなくて白い四角をとってください」「黒い四角の上に赤い丸をおいてください」を選択し、使用した。

第５章　読字の発達とその障害の検出法　53

検査の際には、できるだけ速く、正確に読むように教示し、ICレコーダーに音声を録音した。ストップウォッチを片手に音読課題を施行する方法もあるが、検査者が音読時間の確認や記載に注意を引かれてしまい、読みの内容を正確に記述できなくなるため、具体的音声をデジタル媒体に記録することが望ましい。

　音読時間の発達的変化では、単音速読課題、非単語速読課題、単語速読課題、単文速読課題のいずれの課題においても、学年が進むとともに音読時間は短くなる傾向が判明した。その特徴は、1年生で有意に音読時間が長いこと、そして音読時間は学童期の前半でとくに短縮することがあげられた。性別では、一部の課題（単音速読課題と非単語速読課題）において、女児が男児より音読時間が早いこともわかった。

　音読エラーについては、読み誤りとは別に、最初に読み誤るものの自己修正されたもの（自己修正）や読みつまった結果の読み直し（語頭音の繰り返し）もそれぞれカウントしたところ、読み誤り数は4つの課題とも平均0〜2個と少ないことがわかり、通常学級に通う小学生にとっては容易に音読できる課題であったことが推測された。読み誤りは全体的には少ないものの、その内容は特殊音節、たとえば促音（っ）、拗音（ゃ、ゅ、ょ）、濁音（が、だ、等）の誤りに加えて、形態的・音韻的に類似した文字に読み間違えること（たとえば、「め」を「ぬ」、「か」を「あ」、「ね」を「な」に読み間違え）や文字の順序が入れ替わる読み間違えがみられた。

　以上のように、ひらがな音読は学童期の前半で所要時間の短縮がみられること、4〜5年生以降では変化が乏しいことが明らかとなった。これらの所見から、ひらがな単語の音声化の速度は、ひらがな読みの習得時期にかかわらず小学校3年生までに発達し、その後は大きく変化しないことを示している。今回の課題を用いると、健康な小学生においてはひらがな音読のエラーは基本的にみられないことと同時に、健常児も特殊音節の誤りがありうること、そして形態的・音韻的に類似した字との誤りをきたしやすいことがうかがえた。

絵の呼称の発達

発達性読み書き障害の背景病態として、アルファベット語圏ではとくに、音韻認識（phonological awareness）の異常や呼称スピードの遅延が指摘されている。前者はモーラ計数や逆唱課題により評価可能であり、後者の評価法としては、線画の呼称課題であるrapid automatized naming（RAN）が知られている。[5]

RAN課題は、提示された視覚刺激から音韻情報を取り出す効率を評価するもので、紙面やモニター画面上ランダムに並べられた色、絵などの刺激を「連続的にできるだけ速く呼称すること」が求められる。しかしながら、呼称能力と読み能力の関係は明らかとなっておらず、年齢変化も含めた検討はほとんどみられない。そこで、筆者らは数字と線画からなる呼称課題を新たに作成し、小学校在籍中の児童における呼称時間の発達的変化を検討した。[9]

対象は小学生207名で、いずれの児童も担任教師から視力、聴覚、知能、社会性やひらがなの読み書きに異常がないと判断された。使用した呼称刺激は20個の数字または線画で構成され、数字は1〜9を用い、A4用紙上にランダムに配置した。線画刺激は新版K式発達検査の「絵の呼称課題」の提示画を参考にし、市販されているイラスト・カット集やスナッドグラスらにより標準化された線画から選択した。なお、今回の検討では、数字と線画が交互に混合された「交互課題（rapid alternative stimulus：RAS）」も使用した。[10]

児童には「数字や絵が書かれたカードを今から見せます。大きな声に出して、なるべく速くそして正しく、数字を読んでください。絵はその名前を教えてください」と教示した。開始の合図後、カードを見せた瞬間に「はい」と言い、その時点を呼称開始とした。練習問題の呼称が正しくできることを確認後、本番の課題を実施した。対象の半数（101名）には同一課題を実施（以下、同一群と表記）し、半数（106名）はRASを実施（以下、交互群と表記）した。

第5章 読字の発達とその障害の検出法　55

同一群では課題二組の呼称時間の和（数字呼称＋線画呼称）を、交互群ではRAS二組の呼称時間の和を求めて、検査時年齢との関係をみると、年齢とともに呼称時間が短縮することがわかった。同一群では1年生から6年生まで、30.9（±4.2）秒から20.9（±2.1）秒に減少した。呼称スピードは学童期前半でとくに変化が目立ち、4年生以降の短縮変化はゆるやかになっていた。また、線画の呼称と比べて数字の呼称はより早くなされることも判明した。

　呼称の誤答は全学年の2～6％にしかみられず、誤答が一つもないケースが多くを占めた。いったん言い間違えても、ほとんどが自己修正可能であった。同時に計測したひらがな（単音）音読時間と数字の呼称時間には強い相関がみられた（Pearsonの積率相関係数r＝0.60，p＜0.0001）。

　以上の事実をまとめると、子どもの呼称能力において自動化されたレベルに到達するのは10歳頃と推定された。数字の呼称とひらがな単音の音読は「解読能力」すなわち記号や文字の音への変換を示す力を反映することがわかった。

読字障害の判断に至る臨床症状とは

　他章でも示されているように、子どもが「学習障害」をもつと判断するためには、①その子どもが示す「読み、書き、計算」の領域の症状を確認すること、そして②各種学習技能の到達度の低下が持続してみられていること、読み書きで言えば「読みにおける不正確さ、非流暢性、努力を要する読み、読んだ内容の理解への困難性、書き取りの困難性、文章表現の困難性」を確認すること、さらに③それらが学業や日常生活に著しい支障をきたすほどであること、を確認する必要がある。

　読字・書字に関する臨床症状について、筆者らは長年読み書き障害に携わってきた小児科医、小児神経科医、特別支援教育専門家と協力して、読み書きに関する臨床症状を評価するチェックリストを作成した（表5-1）。臨床症状は、以下の5つのカテゴリーに分類される。すなわち①心理的負担、②読

表5-1　読み書きに関する臨床症状のチェックリスト

読字	書字
①心理的負担	①心理的負担
□字を読むことを嫌がる	□字を書くことを嫌がる
□長い文章を読むと疲れる	□文章を書くことを嫌がる
②読むスピード	②書くスピード
□文章の音読に時間がかかる	□字を書くのに時間がかかる
□早く読めるが、理解していない	□早く書けるが、雑である
③読む様子	③書く様子
□逐次読みをする	□書き順をよく間違える、書き順を気にしない
□単語または文節の途中で区切ってしまうことが多い	□漢字を使いたがらず、仮名で書くことが多い
□文末を正確に読めない	□句読点を書かない
□指で押さえながら読むと、少し読みやすくなる	□マス目や行に納められない
□見慣れた漢字は読めても、抽象的な単語の漢字は読めない	□筆圧が強すぎる（弱すぎる）
④仮名の誤り	④仮名の誤り
□促音、撥音や拗音などの特殊音節の誤りが多い	□促音、撥音や拗音などの特殊音節の誤りが多い
□「は」を「わ」と読めずに「は」と読む	□「わ」と「は」、「お」と「を」のように、耳で聞くのと同じ音（オン）の表記に誤りが多い
□「め」と「ぬ」、「わ」と「ね」のように、形態的に似ている仮名文字の誤りが多い	□「め」と「ぬ」、「わ」と「ね」のように、形態的に似ている仮名文字の誤りが多い
⑤漢字の誤り	⑤漢字の誤り
□読み方が複数ある漢字を誤りやすい	□画数の多い漢字の誤りが多い
□意味的な錯読がある	□意味的な錯書がある
□形態的に類似した漢字の読み誤りが多い	□形態的に類似した漢字の書き誤りが多い

む（書く）スピード、③読む（書く）様子、④仮名の誤り、⑤漢字の誤り、である。これらのカテゴリーに分類された各項目に該当するものが多ければ多いほど、読み書きに関する苦手さが大きいと考えられる。

　心理的負担の傾向として、苦手さそのものや読み書きの失敗経験から"読む（書く）"ということに対して抵抗や嫌悪感が強い。小学校等では音読をいやがったり、生活場面ではみずから字を記すこと、たとえば日記をつける

ことを避けようとしたりする。

　読みのスピードの問題として、流暢に読むことが難しく、文章を読み上げるのに時間を要することが多々見受けられる。これは、文字から音に変換することに時間を要したり、単語をまとまりとして読むことが苦手であったりすることが原因である。

　読みの特徴としては、教科書などを音読させると一文字一文字をゆっくりと読むことが多い（逐次読み）。その一方で、文末を正確に読めなかったり、単語や文を一般的ではない部分で区切ってしまったりすることがある。これは読みの苦手さの問題に加え、読んでいることに労力を割きすぎるために、文末までたどりついた頃には集中が途切れてしまうことなどが影響していると思われる。

　全般的知能が正常であり、臨床的に発達性読み書き障害と診断された子どもと診断されなかった子どもを比較した研究により、本チェックリストを用いて弁別する最適のカットオフポイント項目数は、統計学的検討により7つということが判明した（感度は71%、特異度は85%）。そして、ひらがな音読課題では、「単語課題」の弁別能力が高いことも判明した（健常値比較で＋2標準偏差以上の乖離をカットオフとした時、感度92%、特異度53%）。また、臨床症状と音読課題を組み合わせた時の弁別能力では「読字」項目が7個以上該当し、かつ少なくとも二種類の音読課題において異常値を呈する場合が、感度・特異度（各々79.7%、79.2%）ともに最もバランスがとれた高い値を示した。すなわち、チェックリスト（表5-1）において7項目以上該当し、かつ二種類以上のひらがな音読課題において異常である場合を「発達性読み書き障害である可能性がとても高い」と臨床判断することができ、さらに、読解能力や漢字の読字書字能力の評価につなげていくことができると考えられる。

読字障害の判断に活用可能な検査とその特徴

　本項では、わが国で利用可能な読字能力に注目した検査法を提示して、そ

れらの概要や特徴を述べていく。各検査法の内容を抽出して表5-2にまとめた。

(1) ひらがな音読検査課題[12]

概要・方法：ひらがな音読の流暢性および正確性を評価する検査である。単音連続読み（50字）、有意味語速読（30語）、無意味語速読（30語）、単文音読（3文）の4検査から構成される。それぞれの音読所要時間と読み誤り等のエラー数を記録する。個別検査であり、音読検査に要する時間は練習を含めて10分前後である。音声の記録はICレコーダーなどを使用し、検査後にエラーの特徴を把握することが望ましい。

評価：各課題について小学校1～6年生の健常児データ（男女別）があり、平均値（所要時間・エラー数）と標準偏差が示されている。それらをもとに、対象児の読み速度および正確性が同学年の平均からどの程度低下しているかを評価できる。また、当該学年の平均＋2標準偏差を超える音読時間が二種類以上の課題でみられることが、異常判定の基準として設けられている。

特徴・利点：音読の流暢性と正確性を短時間で簡便に評価できる。そのため、医療現場において読字の困難が疑われるケースにはまずこの検査を実施し、異常判定の有無および流暢性・正確性がどの程度低下しているかをみたうえで追加検査を選択するとよい。保険点数は80点算定できる。ただし、年長例や比較的軽度の読字障害を中心に、ひらがなの読み書き障害が目立たなくなっていても、漢字や文章の読み書きが低下しているケースは少なくない。本検査で異常がなくとも、漢字、語彙、言語理解等の確認（K-ABC Ⅱ、STRAW-Rなど）は必要である。

(2) 小中学生の読み書きの理解（URAWSSⅡ：Understanding of Reading and Writing Skills of Schoolchildren Ⅱ）[13]

概要・方法：読みと書きの流暢性を主に測定する検査である。これまでのURAWSSから適用学年の拡大と課題変更等を行い、2017年にURAWSSⅡと

表5-2　わが国で使用可能な読字検査の内容

検査名	実施	所要時間	読字評価	検査構成	内容	文字種
ひらがな音読検査	個別	10分	流暢性	単音連続	音読	ひらがな
			正確性	有意味語速読	音読	ひらがな
				無意味語速読	音読	ひらがな
				単文音読	音読	ひらがな
URAWSS II	個別集団	20分	流暢性	読み課題	黙読・意味理解	すべて
				書き課題	視写	すべて
STRAW-R	個別	検査内容に依存	流暢性	有意味語速読	音読	ひらがな、カタカナ
				無意味語速読	音読	ひらがな、カタカナ
				文章速読	音読	すべて
			正確性	音読	音読	漢字126語
						ひらがな
						ひらがな、カタカナ
						漢字
				聴写	聴写	ひらがな
						ひらがな、カタカナ
						漢字
			計算能力	計算	加減	数字、記号
					乗除	数字、記号
			自動化能力	RAN	音読	数字、絵(交互課題)
K-ABC II習得検査	個別	1時間〜[*1]	正確性理解	読み尺度		
				・ことばの読み	音読	ひらがな
						カタカナ、漢字
						漢字
				・文の理解	意味理解	すべて
						すべて
				書き尺度		
				・ことばの書き	書字	ひらがな
						カタカナ
						漢字
				・文の構成	書字・作文	すべて
CARD	個別集団	75〜90分	正確性(流暢性)理解	ことばの問題		
				・ことばの意味	意味理解	すべて
				・ことば探し	単語探し	ひらがな
				・聞きとり	音—文字照合	ひらがな
				・音しらべ	音韻認識	－
				文の問題		
				・文の読み①②	意味理解	すべて
				・文の読み③	意味理解	すべて
ELC	個別	10〜15分	正確性(流暢性)音韻意識	短文音読課題	音読	すべて
				単語・非語音読課題	音読	ひらがな
				音韻操作課題	逆唱・削除	ひらがな

＊1　全4尺度（語彙、読み、書き、算数）の合計所要時間。
＊2　単文で中止条件に達しなかった場合のみ。
＊3　成績により、上限以上の年齢でも実施することがある。
＊4　認知検査、習得検査を両方実施した場合。

表5-2　（続き）

レベル	適用年齢	保険点数
単音	小学1～6年	80点
単語		
単語		
単文		
文章	小学1～6年	-
文章	小学1年～成人	
単語	小学1～高校3年	
単語	小学1～高校3年	
15文	小学1～高校3年	
	小学1～中学3年	
単音・単語	小学1年	
単音・単語	小学2～6年	
単語	小学2～中学3年	
単音・単語	小学1年	
単音・単語	小学2～6年	
単語	小学2～中学3年	
	小学1～6年	
	小学1～6年	
	5歳0ヵ月～高校3年	
		450点[*4]
単音	6～7歳11ヵ月[*3]	
単音・単語	6～7歳11ヵ月[*3]	
単語	6～18歳11ヵ月	
単文	6～18歳11ヵ月	
文章[*2]	6～18歳11ヵ月	
単音	7～8歳11ヵ月[*3]	
単音・単語	7～8歳11ヵ月[*3]	
単語	7～18歳11ヵ月	
単文	7～18歳11ヵ月	
	小学1～6年	-
単語		
単語		
単語		
単語		
単文	小学1～6年	
文章	7歳6ヵ月以上	
8文ずつ	小学2～3年	-
単語		
単語		

して新たに刊行された。URAWSSⅡは読み課題と書き課題各1個からなり、標準的な実施時間は約20分である。読みの評価は小学校1～6年生について、書きの評価は小学生以降成人までの標準値と比較することができる。中学生以降は「小学6年生以上用課題」を用いる。課題文は小学生の学年に応じて配当漢字が考慮されている。支援の手がかりを得るため「介入課題」も用意されている。

①書き課題

・方法：提示したマス目用紙に有意味文章を3分間、書き写し（視写）させる。

・書き速度：時間内に書き写せた文字数を3で割り、1分あたりに書けた文字数を求める。

②読み課題

・方法：文章（180～205文字）を1回黙読してもらい、読み終わりを申告させる。ストップウォッチで記録した秒数を求める。

・読み速度：読みにかかった時間（秒数）から1分あたりの文字数として求める。また内容理解の問題も用意されている。

評価：小学1年生から中学3年生までは学年別の書字平均速度と標準偏差が示されている。高校生と成人の各群標準値

も示されている。読み速度は小学1年生から5年生までの学年別（小学6年生以降は一括した）読み速度、標準偏差がそれぞれ示されており、同学年（年齢群）の平均からどの程度遅延しているかを把握できる。また、評価基準が示されており、各課題についてA（十分な速度）、B（要観察）、C（精査必要）の3段階で判定できる。

　特徴・利点：学習のパフォーマンスに直結する読み・書きの速度そして内容理解の程度を、比較的短時間で容易に測定することができる。個別実施だけでなく学級単位での集団実施も可能であり、学校場面にも適用可能である。読後の内容確認問題6問中5問（80%）以上正解の場合に「内容を理解した」と判断される。流暢性に特化しているため、誤読の有無やその特徴の評価はできない。評価BやCとなった対象児への「支援の手引き」も備えられている。また、中学生における英語学習の困難さの評価のため、英単語の読み書き課題も同一グループから別途刊行されている。[14]

(3) **改訂版標準読み書きスクリーニング検査─正確性と流暢性の評価**
(STRAW-R: Standardized Test for Assessing the Reading and Writing (Spelling) Attainment of Japanese Children and Adolescents: Accuracy and Fluency)[15]

　概要・方法：ひらがな、カタカナ、漢字の読み書き到達度ならびに線画と文字を交互に呼称するRAN、計算問題が含まれる。小学生における読み書きの正確性の評価に主眼を置く旧版STRAWの課題である①ひらがな一文字、②カタカナ一文字、③ひらがな単語、④カタカナ単語、⑤漢字単語の音読と書取の課題に加えて、速読課題として⑥ひらがな単語・非語、⑦カタカナ単語・非語、⑧漢字かな混じり文章の各課題が加わり、漢字の音読年齢は⑨漢字の音読課題（小学1年〜中学2年）を用い、⑩中学生用の漢字単語音読と書取課題が追加された。

　①〜④は小学生用に各20刺激、⑤と⑩は小学2年から中学生用に各20（中学生は10）刺激が用意されており、それぞれ音読と聴写（口頭提示された文字・単語を聞き取って書く書き取り）を行う。音読流暢性は⑥⑦とも単語28

語、非単語16語を、⑧文章は、ふりがなつき漢字を含む361文字の15文を「できるだけ速く、間違えないように」音読させる。ストップウォッチで所要時間を計測する。⑨漢字課題は学年共通に126語を音読するものである。個別検査で、所要時間は対象児の回答速度や実施問題数に依存する。

評価：幼児期から高校生までの線画数字のRAN基準値が示されている。小学校１年生～高校生の学年別のひらがな、カタカナ、漢字音読平均所要時間と標準偏差、誤反応数と読み書きの正確度が示されている。漢字の音読課題からは７歳０ヵ月～14歳３ヵ月の音読年齢を算出し、おおよその発達段階を知ることができて、認知検査結果と比較参照して児の指導につなげられるとされる。

特徴・利点：ひらがな、カタカナ、漢字の読み書きを別個に流暢性、正確性の点で評価できる検査であり、各表記における読字障害の有無および障害がどのレベルで生じているかを把握できる。RAN検査、全般的な知的発達、言語理解、計算等の検査と標準値も合わせて掲載されているため、読字障害の総合的な判定を行ううえで参考になる。STRAW-Rを適用した事例４名や指導法についても詳述されており有用である。

⑷　K-ABCⅡ習得検査：読み尺度、書き尺度[16]

概要・方法：K-ABCⅡは認知処理の発達水準を調べる認知検査（４尺度、10下位検査）と、学力の基礎となる知識・技能の獲得水準を調べる習得検査（４尺度、９下位検査）から構成される。個別検査であり、対象年齢は２歳６ヵ月～18歳11ヵ月であるが、実施する下位検査は年齢により異なる。また、目的や事情に応じて認知検査、習得検査の一方のみを実施してもよい。そのため、所要時間は対象ごとに異なってくるが、６～７歳以降では全検査を実施した場合で２～３時間程度、習得検査のみでは１時間前後である。

習得検査は語彙尺度、読み尺度、書き尺度、算数尺度からなり、それぞれ２～３個の下位検査で構成される。読み尺度、書き尺度の下位検査と内容は以下のとおりである。いずれも得点は正答数に基づくため、読み書きの正確

性が主に反映されるが、「文の構成」には制限時間があるため、書字や作文の流暢性もかかわる。

①読み尺度
・ことばの読み：文字や単語を音読する。
・文の理解：文が指示する動作をする、文章の内容に関する問題に答える（読み方は自由）。

②書き尺度
・ことばの書き：読み仮名等で指定されたひらがな、カタカナ、漢字を書く。
・文の構成：指定された言葉を用いて単文を作る。正誤の判定は文の意味と文法に基づく。

評価：各下位検査の得点から評価点（平均10、標準偏差３）、４つの尺度と習得総合尺度については標準得点（平均100、標準偏差15）を求めることで、対象児の習得度が同年齢児のどこに位置するかを評価できる。下位検査については得点から相当年齢を求め、対象児の習得度が何歳レベルにあるかを推定することもできる。

また、対象児の中でとくに得点が高い／低い下位検査および尺度、尺度間の有意差、さらには認知検査と習得検査の差を判定する基準も設けられている。それらを用いることで、習得度内の得意な領域と苦手な領域、および認知処理の発達水準と習得度の乖離を評価することができる。

特徴・利点：対象児の読み書きレベルを、認知発達の水準および習得度の他領域と照合できるため、困難が全般的であるか領域特異的であるかの判断が可能である。そのため、特異的読字障害の診断に有用といえる。制約として、年長児ではひらがな、カタカナの問題を実施しない場合があることと、流暢性があまり考慮されないことがあげられ、それらは(1)ひらがな音読検査課題や(3)STRAW-R等により補完する必要がある。

⑸ **CARD（Comprehensive Assessment of Reading Domains）包括的領域別読み能力検査**[17]

概要・方法：CARDは読み能力を包括的・領域別に評価する検査である。読みのプロセスを「文字・単語」の下位プロセスと「文・文章」の上位プロセスに分けて、それぞれ「ことばの問題」と「文の問題」の２つの冊子からなる検査で評価する。前者は４つ（ことばの意味、ことば探し、聞きとり、音しらべ）、後者は３つ（文の読み①〜③）の下位検査から構成される。聞きとり、音しらべは附属するCDで音声を提示して行う。文の読み課題では単文の意味、文法、文章題の読解を評価する。個別でも集団でも実施可能であり、２つの検査を合わせて所要時間は75〜90分とされる。

評価：７つの下位検査の評価点（平均10、標準偏差３）を求める。さらに、語彙（名詞、動詞などの量と質）、読みのプロセス（単語レベルの読み能力、文章レベルの読み能力）、読解過程（音韻経路、語彙アクセス、文法知識、文章読解）について指数を求める。記録用紙、プロフィール表や自動換算プログラムはガイドブック所定のウェブサイトからダウンロードすることができる。各年齢群の粗点から評価点に換算できる表がついている。評価点６〜７、指数75〜85は弱さが疑われる、評価点５以下、指数74以下は弱さを認めるため、支援を行う必要がある。

特徴・利点：小学生の子どもの読みの状態を幅広く客観的に評価する検査法として、4193名の小学生（男児2147名、女児2046名）の協力を得て開発された。検査の信頼性、妥当性について詳細な検討が行われている。たとえば「ことば探し」「聞きとり」は⑴ひらがな音読検査課題の４検査と高い相関を認めており、デコーディング能力を測定する検査としての妥当性が示されている。また、「音しらべ」は音韻認識を測定する課題としての妥当性が見出されている。文の読み課題は、絵画語い発達検査[18]、TK式読み能力診断検査[19]との相関が得られており、統語や読解力検査として妥当であるとされる。ガイドブック後半にはCARDの評価事例が提示されており、指導策が具体的に述べられている。

(6) **読み書き困難児のための音読・音韻処理能力簡易スクリーニング検査**
  （ELC：Easy Literacy Check）[5]

　概要・方法：知的な問題はないが、読むことに困難を生じる読みの学習障害（発達性読み書き障害）のある児童の早期発見を目的としたスクリーニング検査で、主に小学２、３年生を対象としている。発達性読み書き障害の中核的な問題である文字・音変換（デコーディング）の問題と、その原因と考えられている音韻の問題の有無を、約15分で検査することができる。音読課題は、課題用紙を提示し、音韻課題は、口頭で課題を提示して、ストップウォッチ、録音機器（ICレコーダーなど）を用いて行う。ソフト版ELCをダウンロードして、PCとヘッドセット（マイクつき）を用いて検査することもできる。PCを通して視覚的、聴覚的に課題が提示され、言語反応はヘッドセットのマイクからPCに取り込まれ、自動的に時間計測と結果集計が行われる。

　評価：音読課題と音韻課題で構成されている。音読課題は、文字・音変換（デコーディング）の問題の有無を判定するためのものである。単語・非語（実在しない文字列）、および、文章の音読を行い、それぞれの音読時間と正しく読めた語数／文節数で評価する。音韻課題は、音韻操作能力を評価するものである。語から特定のモーラを削除する課題と語を逆唱する課題を行い、反応時間と正答数で評価する。小学２、３年の基準値が示されており、それらと比較して、発達性読み書き障害の可能性の有無を判断する。

　特徴・利点：本検査でリスク児としてピックアップされるものには、知的な問題のある児が含まれている可能性があるため、確認のための掘り下げ検査が必要である。

(7) **多層指導モデルMIM「読みのアセスメント・指導パッケージ」**

　第10章に詳述されているので、そちらを参照されたい。

読字検査の実際

　読字障害が疑われた２事例について、それぞれ上記の読字検査を適用した経過を報告する。

ケース１：男児、小学２年生、左利き

　ひらがな、カタカナ、漢字の読み書き困難を主訴として来院した。幼児期から絵本の文字に興味を示さない、読み書きを試みさせると泣き出して拒否する様子などがみられていた。母にも読み書きの苦手さがあった。小学校では、音読の遅さ、勝手読み、特殊音節の誤り、類似した文字の混同等がみられ、一文字ずつ指で押さえながら読むと少し改善した。教科書の内容は丸暗記していた。書きでは、ひらがな50音をまったく書けなかった。

　WISC-Ⅳでは全検査IQ（FSIQ）81、言語理解指標（VCI）88、知覚推理指標（PRI）82、ワーキングメモリー指標（WMI）82、処理速度指標（PSI）86であり、全般的に平均をやや下回る結果であった。図5-1に示すように、ひらがな読み検査課題では、４課題すべてで同学年平均＋5標準偏差以上の遅延を認めた。本例の特徴は、ほぼすべての拗音を直音として読むことで（例：しゃ→しや）、また、清音や濁音の誤りもあった（例：ぬ→む、て→ん、か→が）。数字と絵のRAN課題においても、２標準偏差以上の遅延が認められた。音韻操作課題は実施自体が困難だったが、ある程度正答できた課題では反応時間の遅延がみられた（音韻削除４モーラ課題）。これらの検査結果より、音韻処理と呼称速度の障害を伴う読字障害の可能性が強く示唆された。

　読みの周辺領域の評価として、①PVT-R（絵画語い発達検査）では生活年齢７歳２ヵ月に対し、語彙年齢８歳９ヵ月（評価点15）であり、受容語彙の発達は優れていた。②視知覚・視覚認知に関してはDTVP-3（Developmental Test of Visual Perception）を施行した。その結果、視覚情報の読みとりは平均的（図―地分離：10、視覚的補完：8）と考えられた

第５章　読字の発達とその障害の検出法　　67

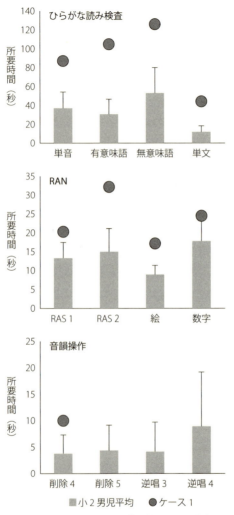

削除5、逆唱3、逆唱4は誤答多数につき、速度評価不能。
図5-1　ケース1（小2男児）の読字関連検査

が、視覚情報を頭の中で変形・操作すること（形の恒常性：6）の苦手さが示唆された。さらに、③ITPA言語学習能力診断検査の「形の記憶」課題で成績低下（生活年齢：7歳2ヵ月、相当年齢：4歳8ヵ月）がみられ、視覚

情報を頭の中で保持することについても苦手さが示された。

　以上より、本例の読み習得は全般的知的発達を考慮しても極度に遅延していると考えられ、読字障害と判断された。主原因は音韻処理および呼称速度の障害と考えられるが、視覚情報の保持および操作の弱さも加わり、文字の記憶表象が十分に形成されていないことも一因と思われる。これらを受け、ひらがな音読の定着を到達目標とした学習支援が開始され、清音から特殊音節まで段階的な指導が行われた。

ケース2：女児、中学2年生、右利き

　英語の著しい学習困難を主訴として来院した女児である。小学校では、ひらがなの獲得に若干の遅れがあったものの、漢字や国語で目立った遅れを指摘されなかった。中学入学後に成績が全般的に下がり、とくに英語で困難が目立つようになった。アルファベットは5年生から習っていたものの定着が不完全であり、単語が覚えられない、文の書き写しはできるが単語のまとまりで区切れない（一文字一文字の間にスペースができてしまう）等の様子がみられた。国語教科書の音読では、若干の勝手読みと漢字の読みつまりがあったが、流暢性の大きな低下はなく、内容に関する簡単な質問にも答えられた。書字は速く字形も整っており、小さいマス目や狭い行でもはみださずに書けていた。

　WISC-Ⅳ ではFSIQ89、VCI80、PRI95、WMI79、PSI113であり、全般的な知的発達水準は平均域であったが、VCIとWMIが平均よりもやや低下していた。ひらがな読み検査課題（図5-2A）では小6女児の平均と比較して、無意味語速読で＋1.6標準偏差、単文音読で＋1.9標準偏差と若干の遅延がみられたが、異常判定の基準は満たさなかった。RAN課題はすべて平均範囲内であり、音韻操作課題でも異常は認められなかった。したがって、少なくともひらがなの読み書きに関しては、読字障害を支持しない結果であった。

　そこで、漢字の読み書きや語彙獲得も含めた全般的な習得度評価、および認知処理の発達と習得度のバランスを評価するためK-ABCⅡを実施した。

その結果、認知検査では総合尺度が96と平均域であり、すべての尺度および下位検査で平均以上の成績であった。一方、習得検査では総合尺度73、語彙尺度77、読み尺度77、書き尺度84、算数尺度70であり、いずれも平均域を下回った（図5-2B）。

読み尺度の下位検査は平均を下回り（ことばの読み：6、文の理解：6）、書き尺度も平均範囲の下限付近であったことから（ことばの書き：7、文の構成：8）、漢字も含めた読み書きについては習得の遅れが示唆された。習得度の尺度間に有意差は認められなかったが、認知総合尺度との有意差は4尺度すべてについて認められた。

以上より、本例は日本語の読字障害には該当しないが、認知発達の水準からは予想されないレベルの学習困難を抱えていることが示された。したがって、読み書きに特化した指導よりも、学習の方略や量・環境の調整といった総合的な支援が必要と考えられた。一方、英語の学習困難に関しては日本語での習得度低下を考慮しても顕著であり、日本語では診断基準を満たさない軽度の読字困難が、より読み書きの難

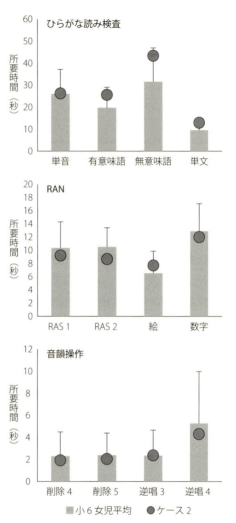

図5-2A　ケース2（中2女児）の読字関連検査

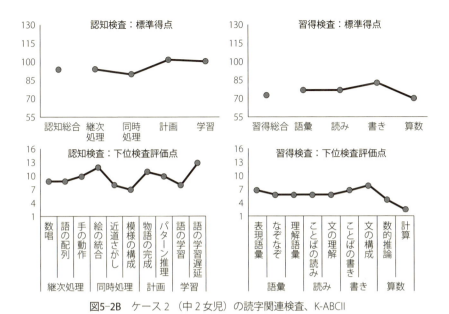

図5-2B　ケース2（中2女児）の読字関連検査、K-ABCII

しい英語で表面化した可能性がある。したがって、英語については読み書きに特化した指導が必要と思われた。[20]

〔謝　辞〕

「読字障害の判断に活用可能な検査とその特徴」と「読字検査の実際」の項目は、知的・発達障害研究部の奥村安寿子流動研究員、江頭優佳流動研究員、そして上智大学大学院言語科学研究科原惠子准教授の協力を得た。記して感謝する。

〔文　献〕

（1）奥村安寿子、稲垣真澄「LDとは何か」内山登紀夫編『子ども・大人の発達障害診療ハンドブック―年代別にみる症例と発達障害データ集』24-31頁、中山書店、2018年

（2）American Psychiatric Association: *Diagnostic and statistical manual of mental disorders. Fifth edition.* pp.66-74, American Psychiatric Publishing, 2013.

（3）秦野悦子「幼児期の話しことばの発達」笹沼澄子編『発達期言語コミュニケーション障害の新しい視点と介入理論』269-288頁、医学書院、2007年

（4）北洋輔「学習障害の早期アセスメントと支援」稲垣真澄編『発達障害医学の進歩30　顕在化しにくい発達障害の早期発見と支援に向けて』54-65頁、日本発達障害連盟、

2018年

（5）加藤醇子、安藤壽子、原惠子他『ELC：Easy Literacy Check　読み書き困難児のための音読・音韻処理能力簡易スクリーニング検査』図書文化社、2016年

（6）金子真人、宇野彰、春原則子他「就学前6歳児における小学校1年ひらがな音読困難児の予測可能性について—Rapid Automatized Naming（RAN）検査を用いて」『音声言語医学』48巻、210-214頁、2007年

（7）小林朋佳、稲垣真澄、軍司敦子他「学童におけるひらがな音読の発達的変化—ひらがな単音、単語、単文速読課題を用いて」『脳と発達』42巻、15-21頁、2010年

（8）小枝達也、寺川志奈子、汐田まどか「健常児集団におけるToken testの得点分布について—学障障害診断のための基礎的検討」『脳と発達』32巻、25-28頁、2000年

（9）小林朋佳、稲垣真澄、軍司敦子他「学童における呼称能力の発達とひらがな読み能力との関連」『脳と発達』43巻、465-470頁、2011年

（10）Snodgrass, J.G., Vanderwart, M.: A standardized set of 260 pictures: norms for name agreement, image agreement, familiarity, and visual complexity. *J Exp Psychol Hum Learn* 6: 174-215, 1980.

（11）北洋輔、小林朋佳、小池敏英他「読み書きにつまずきを示す小児の臨床症状とひらがな音読能力の関連—発達性読み書き障害診断における症状チェックリストの有用性」『脳と発達』42巻、437-442頁、2010年

（12）特異的発達障害の臨床診断と治療指針作成に関する研究チーム編集、稲垣真澄『特異的発達障害診断・治療のための実践ガイドライン—わかりやすい診断手順と支援の実際』診断と治療社、2010年

（13）河野俊寛、平林ルミ、中邑賢龍『小中学生の読み書きの理解URAWSSⅡ』エイタックラボ、2017年

（14）村田美和、平林ルミ、河野俊寛他『中学生の英単語の読み書きの理解URAWSS-English Vocabulary』エイタックラボ、2017年

（15）宇野彰、春原則子、金子真人他『STRAW-R 改訂版 標準読み書きスクリーニング検査—正確性と流暢性の評価』インテルナ出版、2017年

（16）Kaufman, A.S., Kaufman, N.L.（日本版KABC-Ⅱ制作委員会訳編）『日本版KABC-Ⅱ　マニュアル』丸善、2013年

（17）奥村智人、川崎聡大、西岡有香他『CARD包括的領域別読み能力検査ガイドブック』スプリングス、2014年

（18）上野一彦、名越斉子、小貫悟『PVT-R絵画語い発達検査』日本文化科学社、2008年

（19）北尾倫彦『TK式読み能力診断検査』田研出版、1984年

（20）Okumura, Y., Kita, Y., Inagaki, M.: Pure and short-term phonics-training improves reading and print-specific ERP in English: a case study of a Japanese middle school girl. *Dev Neuropsychol* 42: 265-275, 2017.（doi: 10.1080/87565641.2017.1334784.）

第6章
算数障害とは

熊谷恵子

大人の計算障害に関する神経心理学的、認知神経心理学的研究

　子どもの算数障害は、大人の失算／計算障害（Acalculia/Dyscalculia）における神経心理学・認知神経心理学的な定義から援用されているという背景がある。本章ではこれについてはくわしくは触れないことにするが、1900年代初頭から始まった大人の損傷部位と症状との対応の研究からは、計算というのは、数字がもつ言語的な要素に加え、実際に計算を成功させることに関係する視空間的、時間的な要素ももちあわせており、計算障害に関連する脳の部位や因子はきわめて多岐にわたることが明らかとなってきた。カーンとウィテカー[5]は、数学的な障害の基盤となる脳の特定部位は存在しないというように極端な言い方もしており、脳の損傷部位と対応づけることによる従来の研究から、算数に関する能力や脳の関係部位などの複雑さが浮き彫りになってきた。

　また、失算／計算障害には、計算という四則演算のみではなく、その基礎となる数の読み書きや計数なども含まれている。これを島田[12]は以下のようにまとめている。

　・数字、演算記号の読み書き

・暗算（簡単な四則演算）

・筆算（桁数の多いものを含む四則演算）

・大小の比較（数字、具体物）

・物品の計数（目算、計数）

ところで、1990年前後より、認知神経心理学的研究が行われるようになった。これは、シャリスの研究に代表されるように、脳損傷者の症例研究を基盤としながらも、脳の損傷部位にとらわれず、健常な人の認知処理の過程、脳の情報処理過程を考え、それによって組織的な説明を行うものである。すなわち、これまでの症例研究から、健常な人の認知過程を想定したモデルを提唱するものである[11]。このような考え方から、マクロウスキーらは失算／計算障害の認知モデルを提唱した（図6-1）[9]。

これによると、失算／計算障害は、大きく数処理メカニズムと計算メカニズムの２つに分けられる。数処理メカニズムは、数の読み書きに関する処理である。つまり、口頭言語数（verbal number）はいわば数詞であり、アラビア数字（Arabic number）はいわば数字である。そして、数字→数詞は数字の読みであり、数詞→数字は数字の書きである。これら数字や数詞には、それぞれ桁の処理と数字の処理が独立して存在する。

数字の読み書きにおける桁と数字の誤りの例を挙げよう。読みでは、「1504」と書いてあるものを「にせんひゃくろく」（2106）と読んでしまうのは、桁は４桁と合っているのに数字が誤ってしまうケースであり、「ひゃくごじゅうよん」（154）と読んでしまうのは、数字は合っているのに桁が誤ってしまうケースである。書きでは、「よんせんはちじゅうに（4082）」と言われたのに「6093」と書いてしまうのは、桁は４桁と合っているのに数字が誤ってしまうケースであり、「482」と書いてしまうのは、数字は合っているのに桁が誤ってしまうケースである。

この数処理メカニズムには、数概念（Central Semantic Representation）も含まれているが、これは、大人の場合には基本的にできあがっているものと考える。また、数処理メカニズムには、島田のいう数字の読み書きに加えて、数字や具体物の大小比較や物品の計数という基礎的なスキルの問題も含[13]

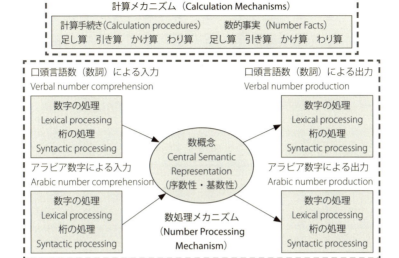

図6-1　算数に関する認知モデル（文献9）

まれる。

　計算メカニズムでは、四則演算において、計算手続きに問題がある場合と数的事実に問題がある場合の2つに分けられる。すなわち、前者は筆算における問題であり、後者は暗算における問題である。これらは、島田の暗算[13]（簡単な四則演算）と筆算（桁数の多いものを含む四則演算）と同様である。

発達性算数障害

　発達性計算障害（Developmental Dyscalculia）についての神経心理学的な流れをくむ研究は、1960年代より始まった。表6-1に主な研究をまとめた。これらの中で、コスク[6]やバディアン[2]の下位分類はよく知られているが、羅列的であるためわかりにくい。その後、テンプル[15]は、発達性計算障害の問題も大人の後天性の計算障害に関するマクロウスキー[9]らの認知モデルによって解釈できるとした。

表6-1　発達性計算障害に関する認知神経心理学的な主な研究（文献7）

提唱者	内　容	下位分類
Bakwin（1960）	計数の困難	
Cohn（1968）	「数を再認したり操作したりすることの失敗」	
Kosc（1974）	「発達性計算障害は、知的遅れをともなわない、年齢に適当な数学的能力の成熟に直接的関係のある解剖学的生理学的脳器質の一部の遺伝的、生得的な構造障害」	・数学的用語や数学的関係を言語的に命名することの困難（verbal dyscalculia） ・実際の対象に対する具体的、数学的操作の困難（practognostic dyscalculia） ・桁、数字、演算子などの数学的操作の困難（lexical dyscalculia） ・数字や演算子など数学的な記号を書くことの困難（graphical dyscalculia） ・量的問題を含んだ数学的思考の困難（idognostical dyscalculia） ・計算式などの操作の困難（operational dyscalculia）
Badian（1983）		・数字の失読失書（number dyslexia and dysgraphia） ・空間性計算障害（spatial dyscalculia） ・失演算（anarithemetia） ・注意－継次性計算障害（attentional-sequential dyscalculia） ・それらの混合タイプ
Temple（1989）	数処理メカニズムに関する症例研究	「1」→「nine」数字の間違え／「711」→「seven」桁の間違え
Temple（1991）	計算に関する症例研究	計算メカニズムにおいて子どもでも「計算手続きの問題」「数的事実の問題」に分けられると確認

学習障害の中の算数障害

　神経心理学的な研究のほかに、学習障害研究の流れも押さえておかなければならない。これは、1962年にカークが学習障害を提唱してから始まっている。その後、1968年には、米国保健・教育・福祉省の教育総局（USOE）に設けられた全米障害児諮問委員会（NACHC）において、学習障害という障

害概念を認める方向性が決まった。そして、1975年の全障害児教育法の成立によって、支援される障害としての学習障害がはじめて法的にも認められた。さらに、1976年、1977年の官報（Federal Register）にその判断基準が提案された。そこでは、現在日本で使われている学習障害の定義にあるように、話す、聞く、読む、書く、計算する、推論するという6領域のうちの「計算する、推論する」という2つが算数の問題、すなわち算数障害の内容にあたる。

医学的定義

医学的定義についても簡単に触れておく。日本においてはICD-10 (16)（新たにICD-11 (18)）とDSM-5 (1)が使われる。

ICD-10においては、学力の特異的発達障害のなかの特異的算数能力障害（Specific Disorder of arithmetical skills in Specific Developmental Disorder of Scholastic Skill）とあり、「ただ単に一般的な精神遅滞あるいは非常に不適切な学校教育だけでは説明できないような算数力の特異的障害」「この障害は（代数学、三角法、幾何学あるいは微積分学のような、より抽象的な数学力よりはむしろ）加減乗除のような基本的な計算力の習得に関係している」とある。これは非常に重要な指摘である。つまり、加減乗除の基本的な計算能力の障害なのである。

DSM-5ではSpecific Learning Disorder（with impairment in mathematics）とあり、その下位分類には以下の4つが挙がっている。

・数の感覚（Number sense）：数概念
・数学的事実の記憶（Memorization of arithmetic fact）：暗算
・計算の正確さまたは流暢性（Accurate or fluent calculation）：筆算
・数学的推理の正確さ（Accurate math reasoning）：文章題

数学的推理の正確さについては、神経心理学的な内容だけではなく、「計算する、推論する」という学習障害の中の算数の問題という教育的・法的な流れをくんだ内容を含んでいる。

第6章 算数障害とは　77

表6-2　子どもの算数障害の内容

下位分類	内　容
数処理	数詞、数字、具体物という三項関係が成立しているかどうか
数概念	基数性（数量）、序数性
計　算	暗算：数的事実←記憶筆算：計算手続き、数字の適切な配置
数的推論	文章題（とくに統合過程、プランニング過程）

　さらに、2018年に30年ぶりの改定版として公表されたICD-11[17]において
は、「発達性の数学障害は、数感覚、数的事実の記憶、正確な計算、流暢な
計算、正確な数的推論など、数学や算数の学業スキルを学ぶ上での重大で永
続的な困難を特徴とする」とある。さらにこれは「年齢や知的機能の発達レ
ベルよりも著しく低く、学業や職業的機能に重大な障害をもたらすものであ
る」としている。
　これをマクロウスキーらの認知モデル[9]をもとに子どもの特性を考慮してま
とめると表6-2のようになる。これらについては次項でくわしく述べる。

アセスメント（査定）

　算数障害には、計算の前段階である数処理の段階と数概念、計算、数的推
論（操作的には文章題の解法）という４つの要素が含まれる。

⑴　数処理
　数処理については、大人の失算／計算障害のようにすでに獲得した能力が
失われる状態と異なり、子どもは数という抽象的なシンボルを作り上げてい
く過程にある。そのために、数詞、数字だけではなく、具体物も含めた三項
の等価な関係が作り上げられているかが問題になる（図6-2）。
　まずは、数詞を「いち、に、さん、し……」というように、意味がわから
なくても歌を歌っているようにできるだけ長く唱えられるようになる必要が
ある。これがある程度唱えられるようになると、その正確な数詞に対応して

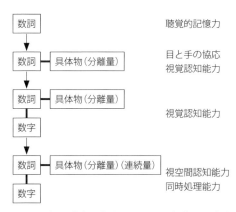

図6-2 三項関係の成立過程とそれぞれの段階に関連する能力

具体物（みかん、おはじきなどの分離量）を指さしながら計数することができるようになる。それとは別に、テレビの幼児番組や時計など文化的なものを通して数字の形を知り、それを数詞ではどのように言うのかを理解し、対応させることができるようになる。そして、幼児期の終盤、5、6歳頃になると、具体物（分離量）を計数するという経験から、数詞を空間的な位置関係と対応させることができるようになり、数詞と具体物（連続量）との対応関係がおよそ10まではできてくる。計数するとは、たとえば「6は5よりもむこうにある」や「3は5よりもずっと手前にある」など、数の空間的位置関係がわかるようになることである（これはやがて数直線の概念になっていく）。

　自然な発達においては、幼児期はここまでで、小学生になり、算数という教科指導によりはじめて、数詞、数字、具体物（分離量・連続量）の三項関係が成立するのである（図6-3）。その三項の相互の対応関係が数のいくつまで成り立つのかを確かめることが重要である。

　また、数がより大きくなり、多数桁の数を表現するためには、さらに系列を覚えるための継次処理能力や規則性を理解するための同時処理能力の2つも関係してくる。

　この数処理がどれくらいまでわかっているのかを評価するためには、たと

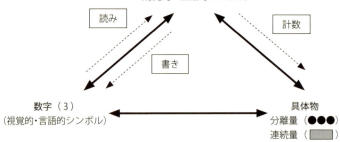

図6-3　数処理：数の三項関係（3を例として）の成立

表6-3　数処理における評価の例

評価の観点	問題例	解答例
数詞→数字	「きゅう」 「にじゅうはち」 「さんびゃくごじゅう」 「ろくせんななじゅういち」 「にまんろくせんよんじゅうさん」	9 28 350 6071 26043
数字→数詞	6 34 207 6409 50821	「ろく」 「さんじゅうよん」 「にひゃくなな」 「ろくせんよんひゃくきゅう」 「ごまんはっぴゃくにじゅういち」
数詞→具体物 （分離量）	「おはじきを15（じゅうご）こ取ってください」	おはじき：15こ
数字→具体物 （分離量）	6「ここに書いてある数字のぶんのおはじきを取ってください」	おはじき：6こ
具体物（分離量） →数詞・数字	「ここにおはじきはいくつありますか」	たとえば「12こ」など
数詞・数字→ 具体物（連続量）	「この線の長さが3（さん）だと、8（はち）はどれくらいの線の長さになりますか」	3　—— 8　「————」
具体物（連続量） →数詞・数字	「この線が4（よん）だとすると、この線はいくつになりますか？」	——　4 ————————　「12」

80

えば表6-3のような問題に答えられるかどうかを試してみるといいだろう。

(2) 数概念

数概念には、序数性と基数性がある。序数性とは数が順序を表すことが、基数性とは数が大きさを表すことが理解できることである。計算ができるといっても、それは計算手続きによるものである可能性もある。計算ができても、基数性の理解ができていないことがあるので、気をつけなければならない。

この数概念を評価するためには、序数性では、たとえば、人が列をなして並んでいる場面を見せて、「この人は前から何番目でしょうか」と問う。基数性では、「この線の長さが6（ろく）の時に、25（にじゅうご）はどれくらいの長さですか」と問う。

(3) 計算

①暗算の問題

暗算の範囲は、加減算においては和・差が20までの数（4＋4＝，17-9＝など）であり、乗除算においては九九の範囲の数（2×4＝，45÷9など）である。これらの数は、最終的には（4，4，8）（17，9，8）（2，4，8）（45，9，5）という数の事実関係が長期的に記憶されることになる。しかし、それまでには、次のような段階を踏んで学習が行われる。

はじめは具体物の操作によるイメージ作りであり、ここで関連のある能力は継次処理能力と同時処理能力である。数の集合体を自分が処理しやすいように頭の中でイメージ化するということである。次に、繰り上がりの足し算、繰り下がりの引き算等、頭の中で数を操作する（7＋8＝7＋3＋5＝10＋5）。これにはワーキングメモリが必要となる。そして、先述したように、最終的には、いわば数の組み合わせ（数的事実）を長期的に記憶する必要があるのである。

②筆算の問題

筆算の問題となる数の範囲は、暗算の範囲以外となる。すなわち、加減算

第6章 算数障害とは　81

においては20以上の数の計算（16＋25＝，45-38＝など）、乗除算においては九九の範囲以上の数の計算（74×3＝，600÷25＝など）である。これらの範囲の数の計算でも暗算でできるという人もいるかもしれないが、何かしら頭の中でそろばんの珠をはじいたり、筆算の式を書いたりしていると思う。よって、これらをすべて、筆算の問題の範囲に入れる。

③計算の評価

計算の評価は、計算式に書かれている計算ができるかどうかである。以上のことより、一つ目は暗算ができるかどうかである。これは単に正解が得られるだけではなく、素早く答えが出せるよう自動化しているかどうかということが問題となる。二つ目は、筆算ができるかどうかである。これは、繰り上がりや繰り下がりを含めた計算手続きが正確にできるかどうかにかかっている。

⑷ **数的推論**

数的推論とは、非常に具体的な場面の中で数に関する推論ができるかどうかである。具体的には、文章題を解くことがそれにあたる。

ルイスとメイヤーの理論では、文章題の解法過程を大きく問題理解過程と問題解決過程に分けた。問題理解過程には変換過程と統合過程が、問題解決過程にはプランニング過程と実行過程がある。文章題はまず文章が読めなければ解けないが、それは読みの問題であり、これが変換過程である。これは算数の推論の問題ではない。文章題の文章を、言語的に理解したことを視覚的なイメージに置き換える作業をしなければならない。これを統合過程といい、数的推論の重要な一過程である。さらに、数の増減などの関係を数字と演算子を用いて計算式として立て、求めるべき答を求める計算式に変形するというプランニング過程もまた、数的推論の一過程として重要である。実行過程は実際の計算であり、すでに取り上げているので数的推論からは割愛する。すなわち、数的推論の過程では、統合過程とプランニング過程が重要となる。

筆者の経験上、文章題の問題解決をする時、算数障害の子どもたちには、

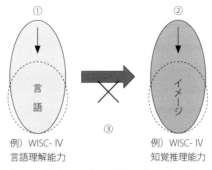

例）WISC-IV　　　　　　例）WISC-IV
言語理解能力　　　　　　知覚推理能力

①言語の能力のみが弱い場合、②イメージ化の能力のみが弱い場合、③言語からイメージ化への変換過程のみがうまくいかない場合の3通り。

図6-4　数的推論（文章題の解法の統合過程）の問題

統合過程の段階でつまずく子どもが非常に多いように思われる。図6-4では、楕円形の大きさがその能力の大きさを示している。学習障害のない認知能力のバランスのよい子どもは、①文章を言語で理解する言語理解能力も、②視覚的イメージ化に関係する知覚推理能力も、③それらをつなぐ矢印の部分も問題はない。しかし、学習障害の場合には、①〜③それぞれについて言語からイメージへの統合過程がうまく進まない。①文章は読めても、それを言語として理解できないために、イメージ化することができない。②文章の内容を言語として理解できても、イメージ化する能力が弱いために、イメージ化できない。③言語として理解することもイメージ化する能力も問題ないのに、言語からイメージへの変換ができない。

次に、プランニング過程の問題は、文章題をそのまま読めば、おのずとわからない値を求める式が導き出せるようになっていればいいのだが、「A子さんははじめみかんを何個かもっていました。その中からB子さんに1個あげると残りは2個になりました。さて、A子さんがはじめにもっていたみかんは何個でしょうか」などという問題は、文章をそのまま計算式に直せば「x-1=2」となる。このままではxが求められないために、xを求める式に直さなければいけない。この変形ができるかどうかが問題である。計算式の

第6章　算数障害とは　83

変形は、右辺から左辺に項をもっていく時にどのような操作をしたらいいのかわかれば可能だが、これを念頭でxを求める式に変えることができるかが問われる。

以上から、この数的推論の評価についての問題例は次のようになる。統合過程については、「電線にすずめが10羽とまっていました。そばを車が通ったので、びっくりして3羽が飛んで行ってしまいました。そのあと、また2羽がびっくりして飛んで行ってしまいました。さて、この時点で電線にはすずめは何羽いますか」といった問いに対し、このような状況の変化を絵や図で表すことができるか否かが問題となる。プランニング過程については、「Cくんは、はじめいくつかのりんごをもっていました。その中からDくんにりんごを3個あげました。Cくんがもっているりんごは4個になってしまいました。さて、Cくんははじめにりんごを何個もっていたでしょう」という問題に対しては、x-3＝4なので、x＝4+3というxを求める式に変形することができるかどうかが問われる。

まとめ

算数障害は、子どもが生得的にもっている学習障害の一つであり、知的能力を構成する認知能力のアンバランスがあることにより、数処理、数概念、計算、数的推論という4つの領域が、知的能力から期待されるレベルよりも著しく劣るものである。このような認知能力にはさまざまな因子が関係している。こういった算数障害の要因を捉えようとする場合には、標準化された個別の知能検査（WISC-Ⅳ、DN-CAS、KABC-Ⅱなど）を行う必要がある。特に、算数・数学の問題解決では、部分と全体との関係を捉える必要がある。このような関係を捉えるためには、DN-CASやKABC-Ⅱというルリア理論における継次処理能力、同時処理能力という枠組みが必要である。

算数は、積み重ねの学習という側面があるために、図6-5のように、全体的な知的能力が知的障害との境界線にある（おおよそIQ85）子どもたちは、学習障害、算数障害とはみなされなくても、算数の学習習得には限界が

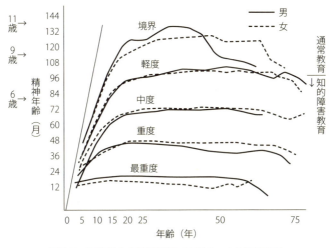

図6-5　知的能力と精神発達（文献3、4を筆者改変）

あることを考慮しておかなければならない。このように認知能力のアンバランスはなくても、全体的な知的能力が境界線より下にある場合には、通常の算数教科における学習の習得は難しくなってくる。図6-5をみると、これらの子どもたちは中学校の数学ではさらなる困難が予想される。学習障害、算数障害の子どもたちだけでなく、こういった子どもたちに対する支援も当然必要となってくる。

〔文　献〕
（1）American Psychiatric Association: *Diagnostic and statistical manual of mental disorders. Fifth edition.* American Psychiatric Publishing, 2013.（高橋三郎、大野裕監訳、染矢俊幸、神庭重信、尾崎紀夫他訳『DSM-5　精神疾患の診断・統計マニュアル』医学書院、2014年）
（2）Badian, N.A.: Dyscalculia and nonverbal disorders of learning. In: Myklebust, H.R.（ed.）: *Progress in learning disabilities.* pp.235-264, Grune & Stratton, 1983.
（3）Fisher, M., Zeaman, D.: Growth and decline of retardate intelligence. In: Ellis, N.D.（ed.）: *International review of research in mental retardation. Vol.4.* pp.151-191, Academic Press, 1970.
（4）池田由紀江「知的障害教育　知的障害児の特性」佐藤泰正編『障害児教育概説

三訂修正版』115頁、学芸図書、2001年

（5）Kahn, H.J., Whitaker, H.A.: Acalculia: an historical review of localization. *Brain and Cognition* 17: 102-115, 1991.

（6）Kosc, L.: Developmental dyscalculia. *Journal of Learning Disabilities* 7: 164-177, 1974.

（7）熊谷恵子「算数障害の概念―神経心理学および認知神経心理学的視点から」『特殊教育学研究』35巻、51-61頁、1997年

（8）熊谷恵子「算数障害の概念―法的定義、学習障害研究、医学的診断基準の視点から」『特殊教育学研究』37巻、97-106頁、1999年

（9）McCloskey, M., Aliminosa, D., Macaruso, P.: Theory-based assessment of acquired dyscalculia. *Brain and Cognition* 17: 285-308, 1991.

（10）文部省「学習障害児に対する指導について（報告）」1999年

（11）Lewis, A.B., Mayer, R.E.: Students' miscomprehension of relational statements in arithmetic word problems. *Journal of Educational Psychology* 79: 363-371, 1987.

（12）Shallice, T.: Case study approach in neuropsychological research. *Journal of Clinical Neuropsychology* 1: 183-211, 1979.

（13）島田睦雄「失算」『脳の心理学―臨床神経心理学入門』235-240頁、誠信書房、1991年

（14）Temple, C.M.: Digit dyslexia: a Category-specific disorder in development dyscalculia. *Cognitive Neuropsychology* 6: 93-116, 1989.

（15）Temple, C.M.: Procedural dyscalculia and number fact dyscalculia: double dissociation in developmental dyscalculia. *Cognitive Neuropsychology* 8: 155-176, 1991.

（16）World Health Organization: *Pocket guide to the ICD-10 classification of mental and behavioural disorders*. Churchill Livingstone, 1992.

（17）World Health Organization: Chapter 6: Mental, behavioural or neurodevelopmental disorders. In: INTERNATIONAL CLASSIFICATION OF DISEASES（ICD-11）- Mortality and Morbidity Statistics, 2018.（https://icd.who.int/browse11/l-m/en）

第**7**章
学習に困難をもつ子どもにとっての英語学習

小林マヤ

現在と今後の日本の英語教育

　2008年度に小学５、６年生を対象に外国語活動として小学校の英語教育は導入されたが、東京オリンピック・パラリンピックを迎える2020（平成32）年を目前にし、日本における英語教育改革が着々と進んでいる。2020年度から施行される新しい「学習指導要領」では、現在５・６年生で必修となっている「外国語活動」が低学年化され、３・４年生で必修になり、５・６年生では英語が教科化され、検定教科書を使用し、テストが行われ、通知表に成績がつく科目になる。

学習に困難をもつ子どもはどれくらいいるのか

　第３章でくわしくみたとおり、文部科学省が平成24（2012）年に実施した「通常の学級に在籍する発達障害の可能性のある特別な教育的支援を必要とする児童生徒に関する調査」の結果によると、発達障害の可能性があり特別な教育的支援を必要とする児童生徒が6.5％程度の割合で通常の学級に在籍している可能性が示された。しかしながら、この数字に含まれているとは推

87

測されるが、統計上はそれを上回る全体の14％を占めるといわれるIQ70～
84前後の「境界知能」の子どもがいる。実に、40人の学級では5～6人もい
ることになる。知的障害をもたない発達障害であるのだが、他の発達障害と
同じような問題を起こしたり、学習上、社会性などにおいて困難を抱えたり
し、他の発達障害と同じような特別な指導と配慮を必要とすることが多い。
さらに、何の特別な支援も受けずにいると、小学3年生くらいで授業につい
ていけなくなる（いわゆる9歳の壁）。

　実は、私の指導している子どもたちには、この境界知能をもつ子どもたち
の割合が一番高い。これらの子どもたちは、さまざまな困難を抱えてきてい
るのにもかかわらず、周囲がそれに気づくことが遅く、早期療育を受けてい
ることは稀で、また療育手帳や障害者手帳などの法的な支援を受けることが
難しいため、その子に適した進学先、就職先を見つけることがきわめて難し
い。行動面で目立った問題がなく、比較的おとなしい境界知能の子どもの場
合は、発見がさらに遅れ、周囲が気づいた時には、学習に対する苦手意識や
劣等感が強く、交友関係の難しさ、学校環境への適応力の低さなどといった
二次的障害に発展していて、支援がいっそう複雑で困難になることが多い。

英語学習の何が難しいのか

　学習障害や境界知能をもつ子どもは、すでに、母国語の聞く・話す・読
む・書くことに困難をもっており、英語学習の困難は母国語獲得困難の度合
いに比例する。一方、学習障害をもつ子どもでも「聞く・話す」に非常に高
い能力を有している場合は、英語を「聞く・話す」にもその能力を発揮する
ことが期待できる。母国語の獲得にはまずまずの進歩をみせていた子ども
が、日本語とは異なる文字体系、音、文法などに触れる時期、たとえば小学
3年のローマ字、小学校高学年以降の英語学習、大学での第二外国語学習な
どの際に、保護者が子どもの学習困難に気づき、学習障害または境界知能が
発見されるケースもある。

　さて、母国語の獲得に困難をもつ子どもが、外国語学習にどのような困難

をもつかというと、このような子どもはもともと集団指導に参加すること自体が大変難しく、クラスのペースについていくこと、教師の言動に注意を払うこと、板書を書き写すこと、即座に問いに答えること、早い口頭指示を理解し記憶することなどを苦手としている。⁽¹⁾ゲームなどのルールも、適切に早く理解することが難しい。グループ活動などにおいても、自分がいるグループがやるべきこと、自分の役割などへの理解が乏しく、孤立しがちである。さらに、日本語とは異なる外国語の特徴が学習を難しくする。

　まず、これらの子どもの多くが、話しことばに使われている音を学び、理解し、操作することを苦手としており、⁽³⁾それが今まで聞いたことがない外国語音である場合はなおさらである。そして、新たに学んだ音をまた新たに学ぶ文字に一致させることを学習しなければならない。英語の場合、アルファベットは26個あるが、それぞれの文字または2文字以上のコンビネーションが示す音は40以上あり、スペリングも不規則なものがほとんどである。⁽⁴⁾さらに、英語文字を正しく音声化したとしても、その単語の意味を日本語で知らない場合は、意味が理解できない。

　このように、学習に困難をもつ子どもにとって英語学習は決して容易なことではない。しかしながら、指導者そして子ども双方の努力と工夫によって、英語学習を効率化し、実のあるものとすることは可能である。

合理的配慮に則って

　平成26（2014）年にわが国において障害者権利条約が発効し、平成28（2016）年4月より障害者差別解消法の合理的配慮規定等が施行された。これにより国公立の学校では、障害者基本法における「可能な限り障害者である児童及び生徒が障害者でない児童及び生徒と共に教育を受けられるよう配慮」を供給することが義務となる。

　合理的配慮にはさまざまなものがあるが、おおまかに(1)環境、(2)指導方法、(3)（子どもの成績の）評価方法に分けて説明する。⁽⁵⁾⁽⁶⁾

第7章　学習に困難をもつ子どもにとっての英語学習　89

(1) **環境**

①関係がないもの、刺激が強いものがないように、教室内を整理整頓する。

②座席を子どもにとって授業が受けやすい位置に移動する。

③行動面に問題がある場合は、座席は教師のそば、もしくは行動面が良好な子どものそばにする。

④学期内の学習計画・シラバス（何月にどの単元に入り、どのような宿題がいつ出るか、など）を学期初頭に文書で配布する。

⑤授業の全体の流れを授業の最初に掲示し、子どもに知らせる。

⑥授業内容の変更などは子どもに十分に知らせ、準備をさせる。簡単な筆記で知らせることも、話し言葉への記憶の弱さを補完するため重要である。

⑦難しい課題に取り組ませる際は、子どもに静かな環境を提供する。

⑧テストの際はついたてを使用する（学習の困難がない子どもにとっても、ついたてを使うと集中力が増す）。

⑨スケジュールと宿題は常時子どもが見えるところに提示する。

⑩宿題には早めに取り組ませるか、期限を延長する。プリントを1枚そのまま渡すと、その量に圧倒され課題拒否をしがちな子どもには、プリントを問題ごとに切ったものを少しずつ渡す。

⑪ICT機器をフル活用する。授業中の重要なポイントなどはビデオ録画し、動画がいつでも視聴できるようにする。

(2) **指導方法**

①マルチセンソリー（多感覚）アプローチ（Multisensory Structured Language approach：MSL）を使用して指導する。これまでの欧米の研究によると、母国語獲得が困難な子どもにMSLを使用して外国語を指導すると効果的であるという報告がある[6]。MSLアプローチは、元来、母国語獲得が困難な子どもに母国語を指導するために開発されたオートン・ギリンガム（Orton-Gillingham）アプローチから派生した指導法で

あるが、基本は次のようになる。[8]

・視覚・聴覚・触覚・運動感覚など多感覚を通して外国語を教える。

・聞く・話す・読む・書く、そして記憶を助けるさまざまな方法を通して学習させる。

・音読、スペリングは、フォニックス指導に加え、フォニックスの知識では読めないSight Words（Dolch Words）の音読・書字指導、スペリングの規則（例：母音には短い音と長い音があり、音節の単語の真ん中に母音がある場合、通常その母音は短く発音される）を直接的・明確に指導する。

・新しい語音や文字は毎回1、2個に限り、少しずつ教える。

・色・絵・写真・動画など視覚に訴える方法を最大限に利用して指導する。

②口頭と書字による2通りの方法で指示を出す。

③スモールステップによる指示を出す。

④教師からの指示を子どもに復唱させ、やるべきことを理解しているか確認する。

⑤指示を出す時に子どもの近くから出す。もしくは全体に出してから、子どもにもう一度指示を伝える。

⑥「聞く・話す・読む・書く」が上手な子どもとペアにさせる。

⑦単元、教科書の重要な個所をまとめた文書、関連資料を事前に渡す。

⑧教材内容を他のフォーマットで渡す（拡大コピー、デジタル教材、カラーで、写真で、動画で、など）。

⑨英文中の重要単語、項目などを自力では見つけることが困難であるため、あらかじめ教師がそれらを伝え、蛍光ペンなどで目立たせる。

⑩授業の展開にさまざまな方法を取り入れる。口頭指示と板書に注意を払うことに重きを置く講義形式の授業から離れ、アクティブ・ラーニング形式の授業展開を行うだけでなく、ビデオ視聴の時間、全体活動（ゲームなど）、少人数での活動（班での発表練習など）、個別活動など、多様な授業形態を取り入れる。ロールプレイなどの英語を使った体験型学習

（例：ハンバーガーショップでの客と店員のやりとりを英語で行う）
や、英語でのイベント参加などは非常に学習効果が高い。
⑪必ず、前回の授業を復習する時間をとる。また、復習課題に取り組ませる。

(3)　評価方法

①“書く”ことがともなう課題、宿題を他の形態に変更する（絵、ポスター、録画による発表など）。
②テストでは、一文まるごと書かせるのではなく、穴埋めの形態にする。
③子どものスペシャルニーズに合わせて、習得度の評価方法を変更する（口頭発表、宿題の提出回数など）。
④テストの時間延長を許可する。
⑤テスト問題を口頭で教示し、口頭回答を許可する。
⑥記述ではなく、コンピュータでタイプ打ちしたものによる回答を許可する。

子ども自身にできること

　次に子どものほうであるが、自分自身のスタディスキルを向上させる必要がある。まずは予習から始める。これから習う予定の単語でフラッシュカードを作り、単語の読み方と意味を暗記する。フラッシュカードの体系をした動画がネット上でも多く公開されているため、ぜひ活用していただきたい。その単語に関係する絵や写真を単語の隣に表記するのは、記憶を想起するのに大変効果的である。また、英語の音・リズム・アクセントに慣れるためにも、教科書に即した音声教材、テレビの英会話講座、幼児・低学年向けの英語のDVDまたは動画を日頃から視聴するようにする。タブレット用の英語のアプリ教材や、通信講座を活用する。視聴教材は、自分の学習ペースに合わせて何度も再生することが可能であり、英語字幕が出るものも多数あるため、文字に慣れ親しむこともできる。

英単語や文章を覚えるためには、聞く・話す・読む・書くとさまざまな方法を通して何回も繰り返し学習する。英文の文法構造を学ぶには、英文を紙に書き、それを単語単位に切り離し、それらを並び替えて正しい文にする練習をする。とにかく、すべての学習において、人より時間をかけ、反復し、そして何よりも復習することが重要である。

言語学習の基礎を早くから養う重要性

　すでに「英語学習の困難は母国語獲得困難の度合いに比例する」と述べたが、まさにそのとおりで、英語学習を円滑に進めたいのであれば、学習障害や境界知能をもつ子どもは、早期に言語指導を受け、言語獲得に適した脳発達に向けて早くから取り組んでおく必要がある。私がアメリカで臨床をしていた時は、ことばの遅れがある多くの2歳児を指導したものだが、日本では、ことばの遅れに気づき、積極的に指導を受けに幼児期の子どもを連れてくる保護者が非常に少ない。定型発達を遂げている日本の年長児は、ほとんどのひらがなをその時期に自然と読めるようになるのだが、その時期にわが子の文字獲得の遅さに気づき、指導を仰ぎにくる保護者は早いほうで、多くの保護者が、小学3年のレベルにまったく追いつかなくなったことを学校で指摘され、さらに子ども自身が不登校気味になってから、やっと指導を仰ぎにくることが多い。

　これまでの研究で、ことばの遅れは読み書きの遅れに直結しており、ことばの発達はその後の認知能力を予測する大きな要因であることがわかっている。生後9ヵ月までに喃語が出ない、生後1歳までに指さしが出ない、生後15ヵ月までに始語が出ない、生後24ヵ月までに二語文が出ない場合は[10]、ぜひすぐに指導を受けていただきたいと思う。私の指導している学習障害や境界知能の子どもの保護者によると、生後1歳頃に始語が出たという報告は多いのだが、2歳の誕生日までに二語文が出たとの報告はほとんどない。早期にこれらの子どもの言語学習困難を見つけることは不可能ではないのだ。

第7章　学習に困難をもつ子どもにとっての英語学習　93

日本の現状に照らし合わせて——まずは教師のトレーニングから

　2010（平成22）年度の文部科学省の調査によると、小学校の外国語活動や中学校の外国語（英語）でALT（Assistant Language Teacher＝外国語指導助手）を活用した授業の割合は、それぞれ54.4％、21.7％を占めている。[11] 英語の教員免許をもっている教員が少ない小学校では、ALTへの依存度も高くなるのが現状であるが、学習に困難をもつ子どもの認知特性、または合理的配慮の内容をALTと共有し、協働に基づいた指導が行われる必要がある。もちろん、ALTにも、学習が困難な子どもに対する第二外国語指導の理解と指導能力が必要となる。知識を一方的に口頭や板書で知らせ、暗記させるという受動的な講義形式の授業展開からできるだけ離れ、子どもが能動的に参加できるアクティブ・ラーニング形式の授業展開は、学習に困難をもつ子どもだけでなく、すべての子どもに非常に効果的な指導方法であるため、教師にぜひ体得し実施してもらいたい。

　ここまでいろいろと書いてきたが、日本の現状に照らし合わせると、学習障害や境界知能の子どものニーズに適した英語指導と合理的配慮の提供が可能な教師はかなり限られると思われる。さらに、早期に発見され、適した指導を受けてきている学習障害や境界知能の子どももかなり少ない。実際これらの子どもは個別の指導の中で、何年もかけて、最終的に小学3、4年レベルの学力が獲得できるように指導せざるをえない。それ以上に、社会性を養う指導や、言語に関連し、かつ生活に密着した問題解決（電話で問い合わせをする、問診票を読んで記入するなど）のための指導に時間を割く必要が、年齢が高くなればなるほど出てくる。将来の社会参加を目標とし、それまでに子どもの能力を最大限伸ばすために、どれだけの時間を英語学習に充てるべきかは、子どもそれぞれの学習の進度によって異なるであろう。

　英語学習に効果的に参加するためにも、これらの子どもが早期から言語指導を受けられるようになること、またこれらの子どもを指導することに興味と技能と熱意をもつ教師が増えることを願うばかりである。

〔文　献〕

（ 1 ） International Dyslexia Association（IDA）: At-risk students and the study of foreign language in school, Fact Sheet #25, 2006.

（ 2 ） Dinklage, K.T.: Inability to learn a foreign language. In: Blaine, G.B., MacArthur, C.C.（eds.）: *Emotional problems of the student. 2nd edition.* pp.185-206, Appleton-Century-Crofts, 1971.

（ 3 ） Kessler, B., Treiman, R.: Relationships between sounds and letters in English monosyllables. *Journal of Memory and Language* 44: 592-617, 2001.

（ 4 ） Stanovich, K.E.: Explaining the differences between the dyslexic and the garden-variety poor reader: the phonological-core variable-difference model. *Journal of Learning Disabilities* 21: 590-604, 1988.

（ 5 ） Friend, M., Bursuck, W.: *Including students with special needs: a practical guide for classroom teachers. 5th edtion.* Pearson, 2008.

（ 6 ） International Dyslexia Association: Dyslexia in the Class Room: What Every Teacher Needs to Know, 2017.（https://dyslexiaida.org/wp-content/uploads/2015/01/DITC-Handbook.pdf）

（ 7 ） Schneider, E., Crombie, M.: *Dyslexia and foreign language learning.* David Fulton, 2003.

（ 8 ） M・コームリー編（熊谷恵子監訳）『LD児の英語指導—ヒッキーの多感覚学習法』北大路書房、2005年

（ 9 ） British Dyslexia Association: Modern foreign language and dyslexia, 2006.

（10） American Speech-Language Hearing Association: How Does Your Child Hear and Talk?（http://www.asha.org/public/speech/development/chart/）

（11） 文部科学省「平成23年度公立小・中学校における教育課程の編成・実施状況調査の結果について」2012年（http://www.mext.go.jp/a_menu/shotou/new-cs/1315677.htm）

第**8**章
学習障害の評価——ICTの活用

奥村智人

学習障害の評価

　2013年6月に「障害を理由とする差別の解消の推進に関する法律」（いわゆる「障害者差別解消法」）が成立し、2016年4月から施行された。学習障害を含む発達障害への支援充実に向け、追い風になることが期待されている。

　この法律では、社会的障壁を取り除くために合理的な配慮をしなければならないことが明記されており、障害者手帳の有無にかかわらず障害のあるすべての人がその対象となる。学習障害も例外ではなく、合理的配慮の対象となる。しかし、合理的配慮を受けるに先立って、医療機関や専門施設において、学習障害に対して適切な診断や判断ができない、診断はできるが今後の指針を示すことができない、ということも少なくない。また、合理的配慮により学びやすい環境を整えるだけにとどまらず、発達や認知の偏りがある子どもでも、能力を最大限に成長させる支援が求められていることは言うまでもない。つまり、学習障害にかかわる教育や医療などの専門家は「学びにくさにつながる障壁をなくす（減らす）こと」と「能力を最大限に引き出す訓練・指導を行うこと」を考え、実践を行うことが求められている。

このような学習障害への支援を行うためには、まず認知や学習に関する個々の特性とニーズを正確に効率よく把握することが重要である。学習障害では、読字、書字、計算などの基礎学力領域における成績低下がみられ、聴覚や視覚の情報処理や記憶、言語能力、語彙、協調運動、推論など、さまざまな神経心理学的過程や認知機能の弱さが要因となることが示されている。個に合わせた適切な支援を行うためには、それらの認知機能のどの領域にどの程度のレベルで弱さがあるのか、把握する必要がある。

　海外の先進国に比べると数は少ないが、日本語においても近年さまざまな学習障害関連の検査が標準化されている。学習障害に活用できる基礎学力領域の検査としては、「STRAW-R 改訂版 標準読み書きスクリーニング検査[1]」、「特異的発達障害診断・治療のための実践ガイドライン[2]」、「日本版KABC-Ⅱ」の習得度尺度[3]、「URAWSS（Understanding Reading and Writing Skills of Schoolchildren）[4]」、「CARD包括的領域別読み能力検査[5]」などが出版されている。学習の基礎となる言語能力や認知機能の標準化された検査も出版されており、学習障害の評価を行う検査ツールの整備が進んでいる。

　このような学習障害の評価の必要性とそれに伴う検査法の発展の中で、ICT（Information and Communication Technology）を活用した検査の開発も進められており、教育現場におけるタブレットPCなどの普及に合わせて、広く活用されることが期待されている。以下に、ICTを活用した検査として、CBT（Computer Based Testing）とCAT（Computerized Adaptive Testing）について実際の検査を紹介しながら解説する。

CBT

　CBT（Computer Based Testing）とは行程をコンピュータ上で行う検査のことであり、検定試験や学力試験などさまざまな領域で活用が進められている。受検者はコンピュータのディスプレイに表示される、または音声提示される問題に対して、マウス、キーボード、タッチパネルなどを用いて解答

する。学習障害の検査におけるCBTの活用はまだ少なく、実用化に向けた本格的な標準化が行われているLD-SKAIP（Learning Differences -Screening Kit for Academic Intervention Program）を紹介する。

LD-SKAIPの概要

　LD-SKAIPは、一般社団法人日本LD学会によって開発が進められているCBTを活用した検査を含むiPadを利用したアセスメントツールである（写真8-1、8-2）。日本語名は「LD（Learning Differences）の判断と指導のためのスクリーニングキット」であり、アセスメントツール開発のプロジェクトである。この開発プロジェクトは、文部科学省の助成を受けて、平成25（2013）年度から日本LD学会の開発研究チームが開発を始めた。平成26（2014）年度には、文部科学省の「障害のある児童生徒の学習上の支援機器等教材開発事業」という新しい事業領域に引き継がれ、平成28（2016）年度まで開発が行われ、App Storeにて公開が開始されている（App Storeにて「LD-SKAIP」で検索）。

　LD-SKAIPは、子どもの「認知機能の弱さ」「特異な学習困難」「実際の学習場面でのつまずき」について実態を把握したうえで、個別の指導方針の策定や個々の特性に応じた適切な合理的配慮につなげるアセスメントツールである。小学1〜6年生の児童を対象とした検査である。

　アセスメントは、ステップⅠ〜Ⅲで構成され、各ステップの相互関連性から、総合的な所見の作成と具体的な個別の指導計画への指針についての提案がなされる。ステップⅠは、普段子どもとかかわっている教師がチェックする質問紙である。この段階では、言語・聴覚や視覚・運動面などの発達に関するおおまかな情報収集を行い、「発達の概要」を捉えることを目的とし、おおまかな支援の方向性および専門家への紹介の必要性について判断をする。ステップⅡは、読字、書字、計算、または認知機能に関する子どもへの直接検査である。この段階では、「認知機能の弱さ」や「特異な学習困難」について、短時間で正確に把握することを目的とする。ステップⅢは、普段学校で行われる学習に関する子どもへの直接検査である。この段階では、読

写真8-1　LD-SKAIP の実施場面（書字検査）

写真8-2　LD-SKAIP の実施場面（計算検査）

み、書き、算数について領域別に特異なエラーを抽出分析し、「実際の学習場面でのつまずき」を把握することを目的とする。

「発達の概要」「認知機能の弱さ」「特異な学習困難」「実際の学習場面でのつまずき」を段階的に、包括的にアセスメントすることにより、個に応じた適切な支援法検討に向けた重要な情報が出力される。

CBTのメリット

LD-SKAIPの大きな特色の一つは、検査および採点・集計の行程を、一部の検査を除き、コンピュータ上で行うCBTを最大限に活用している点である。iPadを用いることによるメリットを、「評価を受ける側」と「評価をする側」に分けて、以下にまとめる。

①評価を受ける側のメリット

・評価を受ける児童の意欲を高める

読み書きが苦手な児童は、学校や家庭での学習に対するストレスが非常に大きい。また、テストにおいて思うように得点が取れないため、ネガティブな印象をもっており、紙や鉛筆を使った検査では意欲的に取り組めない場合も少なくない。そのような児童でも、iPadは気軽に楽しめる印象があり、意欲的に検査に取り組むことができ、本来の状態を的確に把握しやすくなる。

・検査を受ける時間と場所の自由度が広がる

CBTでは検査実施が自動化されているため、検査実施者と端末があれば検査の実施が可能となる。検査に臨む児童をしっかりとサポートする人員と検査に集中できる環境の整備は必要であるが、検査実施や解釈の知識がある専門家が同席しなくてもよい可能性がある。もちろん最終的には専門家の分析と解釈が必要であり、運用法に関して検証をしながら進めていく必要があるが、専門家が少ない地域に遠隔地から検査結果を判定・解釈し、支援法をアドバイスできるシステム開発など、さまざまな可能性がある。

②評価をする側のメリット

・検査の精度を高める

音声や視覚情報の提示を正確に制御できるため、課題提示の開始・終了のタイミングを精密に管理することが可能である。また、タッチパネルによる反応を求めれば、解答までの反応速度を正確に測定することができる。これらにより、より正確な状態把握が可能となる。

・結果出力の効率化

従来の検査では、結果を採点し、基準値と比較するなどの作業が必要であ

った。LD-SKAIPでは、書字などの一部の検査を除いて結果出力が自動化されており、検査終了と同時に結果出力が行われる。これにより、支援者の負担軽減につながる。

CAT

　CAT（Computerized Adaptive Testing）は日本語では「コンピュータ適応型テスト」と訳され、CBTがさらに進化した検査の形といえる。ここでいう「適応」とは、それぞれの受検者の能力に合うように問題項目の難易度を調節するということを意味する。従来の紙と鉛筆を使った検査やCBTでは、評価を受ける者全員が同じ問題を受けるか、学年や年齢別に決められた検査を受けることになるが、CATでは受検者がどの問題項目について正解・不正解であったかという結果により、その受検者の能力を推定して、その人に最適な難易度の問題が出題される。

　この原理を説明するのに最もよい具体例は視力検査である。視力検査では、検査者はまず大きい（易しい）文字を指し、被検者が正しく答えたら、何段階か小さい（難しい）文字を指し回答を求める。それも見えると、さらに小さい（難しい）文字に移動する。逆に、被検者が間違える、または見えない場合には、少し大きい（易しい）文字に移動して、被検者に見えるぎりぎりの文字の列がどこかを探し出す。最終的に、正答できる最も小さい文字のある列がその人の視力であると判断できる。

　CATでは、視力検査と同じように、難しい問題と易しい問題を織り交ぜて出題することによって、その被検者がぎりぎり正解できる難易度を探る。図8-1にCATによる出題プロセスと推定能力値の変化のイメージを示す。×は不正解を表し、○は正解を表している。誤答した後にはやや易しい問題が、正答した後にはやや難しい問題が出題される。検査が進めば進むほど難易度の変動が小さくなっていき、最終的に推定される能力値に収束していく。CATでは、視力検査と同じように、受検者の解答の正誤により、次に出題される問題の難易度が自動調整される。また、これら一連の作業は検査

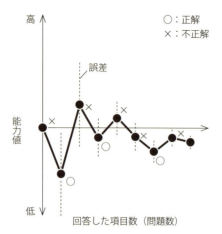

図8-1　CATによる出題プロセスと推定能力値の変化

者ではなく、コンピュータによって行われる。

　ここでは、学習障害を対象として開発されたものではないが、学習障害の評価に活用可能なCATであるATLAN（Adaptive Tests for Language Abilities：適応型言語能力検査）と現在開発中のWAVESデジタル版を紹介する。

ATLANの概要

　ATLANは、項目反応理論に基づく言語能力検査である。インターネットを利用しての検査であり、あらかじめサーバに問題プールを用意し、受検者の反応に応じて最適な難易度の問題を自動的にコンピュータが選択して出題する。臨床発達心理士、学校心理士、言語聴覚士、特別支援教育士、臨床心理士の資格所有者または大学所属の研究者および大学院生に利用が制限されるが、無償で提供されている（Google等により"atlan"で検索することができる）。

　現在、「語彙検査（対象：年中〜中学３年）」「漢字検査（対象：小学１年〜中学３年）」「書取り検査（対象：小学２年〜中学３年）」「文法・談話検査

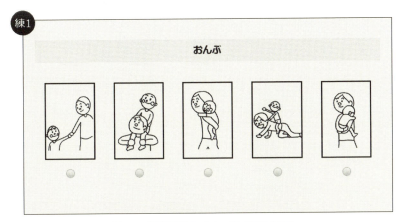

図8-2　課題画面のイメージ（語彙検査）

(対象：年中～小学3年)」「音韻意識検査（対象：年少～小学1年)」「語用検査（対象：小学2年～小学6年)」の6種類の検査が使用可能である。課題画面のイメージ（語彙検査）を図8-2に示す。

WAVESデジタル版の概要

　WAVESは、学研から出版されている『『見る力』を育てるビジョン・アセスメント「WAVES」』のタブレット版である。CBTを活用したアセスメントツールであり、一部の検査にCATを採用する予定である。この開発プロジェクトは、文部科学省の助成を受けて、平成27（2015）年度から開発チームが立ち上げられ、文部科学省の「障害のある児童生徒の学習上の支援機器等教材開発事業」の委託を受けて開発が始まった。平成29（2017）年度まで開発が行われ、平成30（2018）年度末に出版予定である。デジタル版は、基本的に紙版の検査内容を踏襲し、小学1～6年生までの子どもを対象に、眼球運動、視知覚・視覚認知、目と手の協応、図形構成などの視覚関連の基礎スキルを評価できる。紙版は個別または集団のどちらでも実施できるように工夫されており、デジタル版でも引き継がれる。これらの視覚関連の基礎スキルは、学習を行ううえで基礎となり、重要な役割を担っていることが知

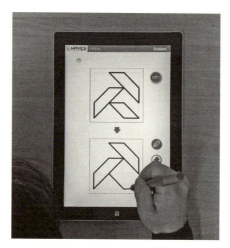

写真8-3　形うつしの実施場面

られている。視覚関連の基礎スキルには、以下のような能力が含まれる。
・見た形を頭にイメージする力（形態知覚・認知）
・位置や空間を捉える力（空間知覚・認知）
・見た情報を記憶する力（視覚性記憶）
・図形などを見て書き写す力（図形構成）
・目と手を連動させて動かす力（目と手の協応）
・視線を正確にすばやく移動する力（眼球運動）
・大事な部分に注目し注意を向ける力（視覚的注意）

とくに注目すべき検査項目は、タッチペンとタッチパネルを活用した図形構成能力を評価する「形うつし」（写真8-3）という検査である。見本を見て、同じ形を構成する力は、学習を行ううえで重要な基礎能力である。CBTを用いることにより、図形を描く際の書き順やストローク数、描き終えるまでにかかった時間、誤って訂正した回数などが正確に記録され、標準化データと比較して客観的に評価を行うことが可能である。

CATのメリット

　ATLANの全課題とWAVESデジタル版の一部の課題で使用されている
CATは、コンピュータを使用する検査であるため、先に述べたCBTのメリ
ットがそのまま当てはまる。さらに、検査の精度を保ちながら、短時間で検
査実施が可能となるという大きな特色がある。単一の問題セットを行う従来
の検査では、能力の幅が広い子どもたちを検査するためには、難易度が低い
ものから高いものまで数多くの問題に解答しなければならなかった。それに
対してCATでは、図8-1で説明したように、コンピュータが自動的に適切
な問題を出題し、能力を推定していくため、実施する問題数を減らすことが
でき、短時間で検査を実施することが可能である。

今後の課題

　本章で紹介したようなCBTやCATは、自動化、効率化が図られた先進的
な検査であるといえる。しかし、検査実施が自動化されているため、従来の
紙や鉛筆を使った検査、口頭でやりとりする検査に比べ、検査時に子どもを
観察する機会が大幅に減ることになる。採点・集計作業が合理化されている
ため、間違いの傾向や解答の特性を読み取る機会も少なくなる。さらに、こ
のような合理化されたシステムにより、熟慮のない安易な支援法選択につな
がる可能性も否定できない。解釈が適切に行われなければ、どのような優れ
た検査も意味をなさない。どれだけ技術の進歩が進んでも、どれだけ便利な
ツールが開発されても、一番大切なのは支援者の知識と経験であることを忘
れてはならない。今後は、ICTを活用した検査の有効性を高めるとともに、
それを適切に活用できる専門家の養成が重要である。

〔文　献〕
（1）宇野彰、春原則子、金子真人他『STRAW-R 改訂版 標準読み書きスクリーニング
検査―正確性と流暢性の評価』インテルナ出版、2017年
（2）特異的発達障害の臨床診断と治療指針作成に関する研究チーム編集、稲垣真澄
『特異的発達障害診断・治療のための実践ガイドライン―わかりやすい診断手順と支援の

実際』診断と治療社、2010年

（3）Kaufman, A.S., Kaufman, N.L.（日本版KABC-II制作委員会訳編）『日本版KABC-II　マニュアル』丸善、2013年

（4）河野俊寛、平林ルミ、中邑賢龍『小学生の読み書きの理解URAWSS（ウラウス）』こころリソースブック出版会、2013年

（5）奥村智人、川崎聡大、西岡有香他『CARD包括的領域別読み能力検査ガイドブック』スプリングス、2014年

（6）高橋登、中村知靖「適応型言語能力検査（ATLAN）の作成とその評価」『教育心理学研究』57巻、201-211頁、2009年

（7）奥村智人、三浦朋子『『見る力』を育てるビジョン・アセスメント「WAVES」』学研、2014年

第**9**章
学習障害のある子どもの学校での
合理的配慮と基礎的環境整備

涌井　恵

はじめに——合理的配慮とは、その子を排除しないためのもの

　「障害を理由とする差別の解消の推進に関する法律」（障害者差別解消法）
が2016年4月より施行され、公立学校では合理的配慮の提供が義務となっ
た。合理的配慮とは、障害があることによって、一般的な教育制度から排除
されることのないように提供される、その子ども（の学習）にとって必要か
つ適当な変更および調整のことで、個別に提供されるものである。
　筆者は、涌井(8)において次のような書字障害のある子どもの例を挙げて、合
理的配慮とはその子を排除しないためのものであり、その子どもの可能性を
十分に伸ばせるよう、個々の障害や困難の要因を分析し、それを補う手立て
を考えていこうというのが、合理的配慮の提供の背景にある趣旨であり、教
育理念であると指摘している。

　例えば、書字困難のある子どもがノートを取ったり、作文を書いたりす
る際にワープロソフトを使用することを、合理的配慮として認めることが
ある。ワープロソフトを使用すれば、板書をノートに記録することができ
き、学習内容を深めることができ、作文では思考を整理することができ、

内容の豊かな文章を書けるが、もしそれが無ければ、板書を書き写すことができずノートは真っ白、作文の原稿用紙は、何度も書いたり消したりして汚くなり、紙はシワシワになり、終いには、授業が面白くなくなって、他児のジャマをしたり、授業を妨害したり——。教師の目からみれば、「授業の妨害」であるが、子どもの側の視点からみれば、その子はその授業から排除されてしまっているのである。このような排除をせずに、その子どもの可能性を十分に伸ばせるよう、個々の障害や困難の要因を分析し、それを補う手立てを考えていこうというのが、合理的配慮の提供の背景にある趣旨であり、教育理念であると筆者は解釈している。⁽⁸⁾

インクルージョンと合理的配慮と障害者差別解消法

実は、合理的配慮について定められている障害者差別解消法が制定される背景には、インクルージョン（Inclusion）、あるいはインクルーシブ教育（Inclusive Education）が国際的に推進されてきたという世界情勢があった。そこで、本項では、合理的配慮にかかわる条約や法律等についてまとめておく。

インクルージョン、あるいはインクルーシブ教育の促進が国際的に明確に打ち出されたのは、1994年6月にユネスコとスペイン政府共催で開催された「特別なニーズ教育に関する世界会議」においてであり、この時サラマンカ声明が採択された。このサラマンカ声明以降、一連の国際的な動きの中で「障害者の権利に関する条約」（障害者権利条約）が2006年12月に国連総会で採択され、国際的には2008年5月に条約が発効することとなった。これを契機にその後、各国でインクルーシブ教育システムの充実に向けてさまざまな施策がとられてきた。わが国では、2007年9月28日にこの条約に署名した後、2014年1月20日に批准書を寄託し、同年2月19日に同条約がわが国において効力を発生することとなった。

障害者権利条約の第2条において、合理的配慮は「障害者が他の者との平等を基礎として全ての人権及び基本的自由を享受し、又は行使することを確

保するための必要かつ適切な変更及び調整であって、特定の場合において必要とされるものであり、かつ、均衡を失した又は過度の負担を課さないもの」であると定義されている。

　また、第24条（教育）では、「締約国は、教育についての障害者の権利を認める」ことを定めており、「人権、基本的自由及び人間の多様性の尊重を強化」、ならびに、「障害者が……精神的及び身体的な能力を可能な最大限度まで発達させ」「自由な社会に効果的に参加することを可能とすること」等を目的として、締約国は障害者を包容するあらゆる段階の教育制度（原語：inclusive education system）や生涯学習を確保することとされている。また、その権利の実現に当たり、障害に基づいて一般的な教育制度［注］（general education system）から排除されないこと、個々の障害者にとって必要な合理的配慮が提供されること等が定められている。

　日本では、障害者権利条約の署名後、批准に向けて、国内法の整備に取り組んでいた。たとえば、教育分野では、中央教育審議会初等中等教育分科会において検討を行い、2012（平成24）年7月23日に「共生社会の形成に向けたインクルーシブ教育システム構築のための特別支援教育の推進（報告）」という報告書をまとめ、今後の方向性を示した。この中では、インクルーシブ教育システム（inclusive education system）について、人間の多様性の尊重等を強化し、「障害者が精神的及び身体的な能力等を可能な最大限度まで発達させ、自由な社会に効果的に参加することを可能」にするという目的のもと、「障害のある者と障害のない者が共に学ぶ仕組み」であり、そこでは、障害のある者が一般的な教育制度［注］（general education system）から排除されないこと、自己の生活する地域において初等中等教育の機会が与えられること、個人に必要な「合理的配慮」（reasonable accommodation）が提供されること等が必要と述べられている。また、2013（平成25）年8月に学校教育法施行令の改正を行い、障害のある子どもの就学先を決定する仕組みの改正を行った。具体的には、障害のある児童生徒の就学先決定の仕組みについて、「特別支援学校への就学を原則とし、例外的に小中学校へ就学することも可能」としていた従前の規定が改められ、個々の児童生徒につい

て、市区町村の教育委員会が、その障害の状態等を踏まえた総合的な観点から就学先を決定する仕組みとすることなどが規定された。

このような国内法の整備を経て、ついに、2016（平成28）年4月「障害を理由とする差別の解消の推進に関する法律」（障害者差別解消法）が施行され（公布は平成25〔2013〕年6月）、福祉、労働、医療、教育等々、社会の各分野において、公的機関では合理的配慮の提供が義務となるに至った。公立の学校は地方公共団体等管下の機関である。したがって、障害のある児童生徒に合理的配慮を提供することは公立の学校法的義務となった。

学校における合理的配慮の提供について

「文部科学省所管事業分野における障害を理由とする差別の解消の推進に関する対応指針」（平成27〔2015〕年文部科学省告示第180号。平成28〔2016〕年4月1日から適用）は、初等中等教育段階における合理的配慮に関する留意点について次のように記している。⁽⁵⁾

　ア　合理的配慮の合意形成に当たっては、権利条約第24条第1項にある、人間の多様性の尊重等の強化、障害者が精神的及び身体的な能力等を可能な最大限度まで発達させ、自由な社会に効果的に参加することを可能とするといった目的に合致するかどうかの観点から検討が行われることが重要であること。

　イ　合理的配慮は、一人一人の障害の状態や教育的ニーズ等に応じ、設置者・学校及び本人・保護者により、発達の段階を考慮しつつ合意形成を図った上で提供されることが望ましく、その内容を個別の教育支援計画に明記することが重要であること。

　ウ　合理的配慮の合意形成後も、幼児、児童及び生徒一人一人の発達の程度、適応の状況等を勘案しながら柔軟に見直しができることを共通理解とすることが重要であること。

　エ　合理的配慮は、障害者がその能力を可能な最大限度まで発達させ、

自由な社会に効果的に参加することを可能とするとの目的の下、障害のある者と障害のない者が共に学ぶ仕組みであるインクルーシブ教育システムの理念に照らし、その障害のある幼児、児童及び生徒が十分な教育が受けられるために提供できているかという観点から評価することが重要であること。例えば、個別の教育支援計画や個別の指導計画について、各学校において計画に基づき実行した結果を評価して定期的に見直すなど、PDCAサイクルを確立させていくことが重要であること。

　オ　進学等の移行時においても途切れることのない一貫した支援を提供するため、個別の教育支援計画の引継ぎ、学校間や関係機関も含めた情報交換等により、合理的配慮の引継ぎを行うことが必要であること。

なお、学校教育分野においては、合理的配慮の提供についての意思の表明の有無にかかわらず、障害のある子どもの「精神的及び身体的な能力等を可能な最大限度まで発達させ、自由な社会に効果的に参加することを可能とする」（障害者権利条約第24条第1項）ことを目指して、ごく自然に教育活動を行っているだろう。その中の一部が本人や保護者との合意によりその子どもの「合理的配慮」として位置づき、個別の支援計画に記載されることもあれば、まだ学校では行ってない支援や配慮の必要性が本人・保護者から示されることもある。また、子どもの加齢や能力の伸長、あるいは支援機器の発展によって、これまでの合理的配慮が不要となったり、新しい合理的配慮が必要となることもあるだろう。

そのような合理的配慮の変遷も含めて、その子どもにとって必要な配慮・支援が合理的配慮として個別の支援計画に明確に位置づくことの利点は、担任が替わっても、学年が替わっても、転校しても、福祉や労働等の他分野においても、その子どもに必要な合理的配慮が引き継がれ、実施されるということである。ただ記載して終わりではなく、有効な活用を期待したい。

発達障害のある子どものための合理的配慮の具体例

　先述した「共生社会の形成に向けたインクルーシブ教育システム構築のための特別支援教育の推進（報告）[2]」には、学校における合理的配慮の3観点11項目が示され、また各障害種別における具体例も記載されている。これについて要点をまとめ、表9-1に示した。

　また、他章（たとえば第14章）で紹介されている学習障害の特性に配慮した支援・支援機器等も参考になるだろう。さらに、合理的配慮の具体的な内容を検討する際に参考となるウェブサイトもある。独立行政法人国立特別支援教育総合研究所が運営する「インクルーシブ教育システム構築支援データベース」（http://inclusive.nise.go.jp/?page_id=13）には、インクルーシブ教育システム構築に関するQ&Aや実践事例のデータベースがあり、「特別支援教育教材ポータルサイト」（http://kyozai.nise.go.jp）ではさまざまな教材の写真を見たり、使い方の例を検索したりすることができる。なお、これらに示されているもの以外は提供する必要がないということではなく、一人ひとりの障害の状態や教育的ニーズ等に応じて決定されることが望ましい。

多様性を認める学校風土づくりの重要性
　──合理的配慮の円滑な実施を支える基礎的環境整備

　合理的配慮の円滑な実施のためには、多様性を認める学校風土が必須である。これがないと、周囲の子どもから「○○さんはズルイ」などと非難されたり、本人や保護者が「特別なこと（合理的配慮）はいらない」と本当は必要で役立つ支援を拒否したり、といった悩ましい事態になってしまう。

　認知科学や神経科学の発展により、今日では学習のプロセスや思考の方法などの学び方は障害の有無にかかわらず一人ひとり違うことがわかっている。ズルイも何も、よくわかる学びの方法や必要な教材やヒントなどの支援の種類は、そもそも、人それぞれ違っているのである。子どもたちの学び方

表9-1　学校における合理的配慮の３観点11項目と学習障害の場合の具体例
（文献２をもとに筆者作成）

		学習障害の場合の具体例
観点① 教育内容・方法	①-1　教育内容	
	①-1-1　学習上又は生活上の困難を改善・克服するための配慮	読み書きや計算等に関して苦手なことをできるようにする、別の方法で代替する、他の能力で補完するなどに関する指導を行う（文字の形を見分けることができるようにする、パソコン、デジカメ等の使用、口頭試問による評価　等）。
	①-1-2　学習内容の変更・調整	「読む」「書く」等特定の学習内容の習得が難しいので、基礎的な内容の習得を確実にすることを重視した学習内容の変更・調整を行う（習熟のための時間を別に設定、軽重をつけた学習内容の配分　等）。
	①-2　教育方法	
	①-2-1　情報・コミュニケーション及び教材の配慮	読み書きに時間がかかる場合、本人の能力に合わせた情報を提供する（文章を読みやすくするために体裁を変える、拡大文字を用いた資料、振り仮名をつける、音声やコンピュータの読み上げ、聴覚情報を併用して伝える　等）。
	①-2-2　学習機会や体験の確保	身体感覚の発達を促すために活動を通した指導を行う（体を大きく使った活動、さまざまな感覚を同時に使った活動　等）。また、活動内容をわかりやすく説明して安心して参加できるようにする。
	①-2-3　心理面・健康面の配慮	苦手な学習活動があることで、自尊感情が低下している場合には、成功体験を増やしたり、友達から認められたりする場面を設ける（文章を理解すること等に時間がかかることを踏まえた時間延長、必要な学習活動に重点的な時間配分、受容的な学級の雰囲気作り、困ったときに相談できる人や場所の確保　等）。
観点② 支援体制	②-1　専門性のある指導体制の整備	特別支援学校や発達障害者支援センター、教育相談担当部署等の外部専門家からの助言等を生かし、指導の充実を図る。また、通級による指導等学校内の資源の有効活用を図る。
	②-2　幼児児童生徒、教職員、保護者、地域の理解啓発を図るための配慮	努力によっても変わらない苦手なことや生まれつき得意なこと等、さまざまな個性があることや特定の感覚が過敏な場合もあること等について、周囲の児童生徒、教職員、保護者への理解啓発に努める。
	②-3　災害時等の支援体制の整備	指示内容を素早く理解し、記憶することや、掲示物を読んで避難経路等を理解することが難しい場合等を踏まえた避難訓練に取り組む（具体的でわかりやすい説明、不安感を持たずに行動ができるような避難訓練の継続　等）。
観点③ 施設・設備	③-1　校内環境のバリアフリー化	障害のある幼児児童生徒が安全かつ円滑に学校生活を送ることができるよう、障害の状態に応じた環境にするために、スロープや手すり、便所、出入口、エレベーター等について施設の整備を計画する際に配慮する。また、既存の学校施設のバリアフリー化についても、障害のある幼児児童生徒の在籍状況等を踏まえ、学校施設に関する合理的な整備計画を策定し、計画的にバリアフリー化を推進できるよう配慮する。
	③-2　発達、障害の状態及び特性等に応じた指導ができる施設・設備の配慮	類似した情報が混在していると、必要な情報を選択することが困難になるため、不要な情報を隠したり、必要な情報だけが届くようにしたりできるように校内の環境を整備する（余分な物を覆うカーテンの設置、視覚的にわかりやすいような表示　等）。
	③-3　災害時等への対応に必要な施設・設備の配慮	災害時等への対応のため、障害の状態等に応じた施設・設備を整備する。

第９章　学習障害のある子どもの学校での合理的配慮と基礎的環境整備　　113

は、言葉で説明したほうがわかる子ども、図や絵と一緒に説明してもらったほうがわかる子ども、全体像をぱっと示してもらったほうがわかる子ども、順番を追って説明されたほうがわかる子ども……と一人ひとり違っている。

　障害の有無という二分類ではなく、子ども一人ひとりが、感性も好きなものも認知特性も学び方も異なっている多様な存在なのであるという子ども観に立つと、おのずと授業観も変わってくる。子どもを教師の教え方に合わせるのではなく、子どもの学び方に教師の教え方を合わせるという授業観への転換である。

　学びのユニバーサルデザイン（UDL）のガイドライン[1]には、①（教師や教材によって）提示される情報を認知するための多様な方法、②（知っていることや学んだことを）行動や表現によって子どもが表すための多様な方法、③能動的に取り組むための多様な方法、という３つの観点から、どのような支援や教材が活用できるか、たくさん例が示されており、誰もがわかる・できるユニバーサルデザインな授業づくりの参考となる。

　さらに、UDLと類似した教育実践として、「一人ひとりをいかす教え方（Differentiated Instruction）[6]」がある。これは、同じ教室のなかで、同時に多様な生徒たちのニーズに応えるための指導方法のことである。到達目標は同じだが、異なる学習教材や方略を個々の実態に合わせて用意した実践の具体例が『ようこそ、一人ひとりをいかす教室へ[6]』に記されているので、ぜひ参照されたい。

　しかし一方で、子どもたちがいろいろな学び方によって学べるようにするために、たくさんの教材や支援の手立てを教師一人が用意することに、負担感や不安も感じるだろう。このような課題に対し、涌井は、マルチ知能の８つの観点[7]と、やる気、記憶、注意の３つの観点から、子ども自身が自分で学習を工夫すること（自己調整学習）と子ども同士の学び合いによって解決する授業実践を提案している。[4]

　真に子どもたちの多様性に応えるならば、一斉に同じ学び方で学ぶがその中に複数の多様な学び方が含まれているというのではなく、同じ課題だが一人ひとりの課題への迫り方、すなわち学習方略は多様であることが許容され

るような授業を目指したい。

このような一人ひとりの多様性に応じた授業を重ねていくと、できないことは人それぞれにあり、特別なことではなくなり、学校や学級に互いの多様性を認め合う温かい学校・学級風土が生まれていく。子どもは一人ひとり異なっているという前提に立ったうえで「すべての子どもたち」にとってわかりやすく学びやすい授業を目指すという考え方や取り組みは、個々の障害のある子どもの合理的配慮の実施を円滑にし、下支えする基礎的環境整備としても機能するのである。

［注］general education system は当時の翻訳では「教育制度一般」であったが、ここでは外務省の最終訳に合わせて「一般的な教育制度」と表記している。

〔引用文献〕
（1）CAST: Universal Design for Learning Guidelines. version 2.0. CAST, 2011.
（2）中央教育審議会初等中等教育分科会「共生社会の形成に向けたインクルーシブ教育システム構築のための特別支援教育の推進（報告）」2012年（http://www.mext.go.jp/b_menu/shingi/chukyo/chukyo3/044/attach/1321669.htm）（アクセス日2018年11月11日）
（3）外務省「障害者権利条約（パンフレット）」2018年（http://www.mofa.go.jp/mofaj/gaiko/jinken/ebook/index.html#page=36）（アクセス日2018年11月11日）
（4）Gardner, H.: *Intelligence reframed: multiple intelligences for the 21st century.* Basic Books, 1999.（松村暢隆訳『MI：個性を生かす多重知能の理論』新曜社、2001年）
（5）文部科学省「文部科学省所管事業分野における障害を理由とする差別の解消の推進に関する対応指針の策定について」2015年（http://www.mext.go.jp/a_menu/shotou/tokubetu/material/1364725.htm）（アクセス日2018年11月11日）
（6）Tomlinson, C.A.: *The differentiated classroom: responding to the needs of all learners. 2nd edition.* ASCD, 2014.（山崎敬人、山元隆春、吉田新一郎訳『ようこそ、一人ひとりをいかす教室へ──「違い」を力に変える学び方・教え方』北大路書房、2017年）
（7）涌井恵「通常の学級における特別支援教育の視点を含む授業実践─ユニバーサルデザインな授業づくり、学級づくり、自分づくり」『発達障害研究』38巻、1-7頁、2016年
（8）涌井恵「論説：全員が楽しく学び合い『わかる・できる』授業をめざして」『特別支援教育研究』714号、6-9頁、2017年

第9章　学習障害のある子どもの学校での合理的配慮と基礎的環境整備　115

第10章
多層指導モデルMIMを用いた
読みにつまずきのある子どもの指導

海津亜希子

MIMはなぜ生まれたのか——開発の経緯

LDの子どもとの学び

MIMはMultilayer Instruction Modelの略で、多層指導モデルという意味である。MIMは、通常の学級において、異なる学力層、さまざまなニーズを抱える子どもたちに対応した指導・支援を提供していこうとするモデルである。とくに、子どもが学習につまずく前に、また、つまずきが重篤化する前に指導・支援を行うことをめざしている。このようなモデルをなぜ開発したのか。まずはそのことから述べてみたい。

筆者はこれまでLD（学習障害）のある子どもたちと学ぶ機会に恵まれてきた。子どもたちは学校生活の中で、その多くの時間を学習に費やす。そうした時間の中で、失敗経験を積み重ねたり、「わかった」「楽しかった」といった手応えを感じられないまま過ごしていたりする。こうした気持ちは、「もっとわかりたい！」といったモティベーションや、「がんばれば、できるようになるんだ！」といった自己有能感までをも低めてしまう。つまずきは、学習面、学校場面にとどまらず、生活全般にまで影響を及ぼす。そして、自己を肯定的に受け止め、前に進んでいこうとする気持ちもやがては薄

らいでしまう。

LDのある子どもは、こうした経験をしていることが少なくない。とくに、彼、彼女らは、得意なこと、できることもあるがゆえに、教育的ニーズは抱えていながらも、その存在が気づかれにくい。気づいた時には、すでにつまずきが重篤化している場合もある。

LDとして支援を受けるためには、「つまずいている」事実が必要であり、「つまずいてはじめて支援が始まる」といっても過言ではない。しかし、その段階では、本来有している認知特性から生じると推察される一次的なつまずき以上に、二次的なつまずき（モティベーションの低下や、自己評価の過剰な低下等）が深刻になっている場合も多いのが現実である。

一方、指導を開始してみると、やり方によっては、これまで数年間未習得だった内容が数回の指導で習得できてしまうこともある。彼、彼女らがつまずいている要因を推測し、認知特性に合った手段を講じることで、苦手としていた課題が克服できるのである。

もし、あらかじめ考えうるつまずきやすい領域と、認知特性を考慮した指導法が功を奏す事実がそろうのであれば、それらを通常の学級の授業で活かすことで、つまずきを防げるかもしれない。そのためには、通常の学級という場を視野に入れた学習支援を検討していく必要がある。これがMIMが誕生した一つのきっかけである。

RTIとの出会い

2005年に文部科学省の在外研究員制度を利用して米国に滞在した際、あるモデルに対する関心が国家レベルで高まっていた。それがRTIモデルである。Response to Intervention/Instructionの略であり、効果的な介入／指導を提供し、子どもの反応（ニーズ）に応じて、介入／指導の仕方を変えていきながら、子どものニーズを同定していこうとするモデルである。子どもの学びを最大限に保障し、行動の問題を低減することを目的とした、アセスメントと指導とが連動した多層の予防システムである。[11]

RTIが注目された背景には、指導の質を向上させ環境を適切に整えたうえ

第10章　多層指導モデルMIMを用いた読みにつまずきのある子どもの指導　117

で学力の保障を行っていくことが、通常の教育およびスペシャルエデュケーション（特別支援教育）双方のゴールとして捉えられるようになってきたことがある[(1)]。そして双方の課題として挙げられたのが、LDと判定される子どもの数の増加であった。LDは、その知的能力に比して有意に予測できない（低い）学力を示すといった考え方から、従来、知的能力と学力との差を重視するディスクレパンシーモデルが判定モデルとして採用されてきた。しかし、かねてから批判や見直しを求める声があった。たとえば、ディスクレパンシーモデルの基準が州によって異なり、結果、LDの判定率も州によってさまざまであり、根拠が乏しいこと[(14)]や、ディスクレパンシーモデルによって得られた結果からでは指導への示唆が得にくいこと[(13)]等が挙げられている。

筆者は、このRTIがLDの有望な判定モデルであるという点より、RTIの有するメリットに着目した。すなわち「不適切（不十分）な指導によってつまずいているのか、本人に内在する問題なのかを識別できること（指導後に他の子どもが伸びをみせているにもかかわらず、特定の子どものみが伸びていない場合、LDによるつまずきを視野に検討する）」「学習面でのつまずきが深刻化する前に対応できること」「科学的データを出す必要があるので、教師のバイアスが入りにくいこと[(2)(13)]」等のメリットをもつRTIに、一つの指導モデルとして魅力を感じたのであった。

それでは、なぜ、MIMという独自のモデルとして結晶させたのか。それは、日本においては、LDと判断されたからといって、それが即、予算的措置や具体的支援へと結びつくといった現況には必ずしもなっていないことが挙げられる[(6)]。それどころか、LDの判定法を強調するモデルとして導入を図ることで、逆に「通常の学級での科学的根拠に基づいた質の高い指導」の実現が阻まれてしまうことを危惧した。つまり、このモデルを成功に導くキーパーソンともいえる通常の学級の教師が、LDの判定モデルとして認識することにより「自分が主として進めていくものではない」「自分のクラスには必要ない」といった捉えが生じてしまうこともあるのではなかろうか。

そこで、MIMでは指導モデルといった特性を全面的に打ち出した。これにより「通常の学級での早期のアセスメント」や「通常の学級における科学

的根拠に基づいた質の高い指導」が実践され、「つまずきの要因が教え方等、環境面による要因でないこと」の実証にもつながると考えている。環境的要因を整えてもなお、ある状況下でつまずく子どもは、何らかの内的要因によるつまずきを抱えている可能性が増す。つまり、MIMにおいても、RTIでめざすところのLDの判定法としての意義が結果的に果たせることになると考えたのである。

MIMとは

MIMの基本構造

冒頭でMIMの理念について述べた。その理念を実現するための具体策について、ここからは概説する。

MIMでは、まず1stステージ指導にて、通常の学級内で効果的な指導をすべての子どもを対象に行う。続く2ndステージ指導では、1stステージのみでは伸びが十分でない子どもに対して、通常の学級内で補足的な指導を実施する。さらに2ndステージでも依然伸びが乏しい子どもに対しては、通常の学級内外において、補足的、集中的に、柔軟な形態による、より個に特化した3rdステージ指導を行う（図10-1）。

各ステージ指導の必要性の判断は、アセスメントによって客観的になされる。つまり、子どもの支援ニーズの根拠をアセスメントで判断するため、人や場所、時に依存することなく、確実に必要な支援につなげていくことが可能となる。

MIMで何をどのように教えるか

MIMでは、「該当する領域（課題）を習得していないと、その他の領域や、その後の学習に大きな支障をきたしかねない重要な学習領域」を取り上げる。どのように教えるかに関しては、「従来の教授法を検証し、教える側も学ぶ側も納得のできる学び」の追究を行っている。

その中で、これまで「LDに起因するつまずき」と捉えていたことが、必

第10章　多層指導モデルMIMを用いた読みにつまずきのある子どもの指導　119

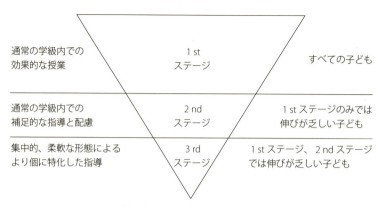

図10-1　通常の学級における多層指導モデル
（Multilayer Instruction Model：MIM）（文献4）

ずしもそうとは言い切れず、「他の子どもにとってもつまずきやすい領域の存在」、またその背景に「当該領域の教授法への見直しの必要性」が潜んでいることが推察された。その一つが小学校1年生で学ぶ「特殊音節」であった。

特殊音節とは、促音（「っ」）や長音（「ばあ」等）、拗音（「きゃ」等）等のことである。従来、授業の中でこの特殊音節が扱われる際は、「正しい表記法（書き方）」に力点が置かれていた。しかし、「特殊音節」といわれるくらいである。これまでの「書く」ことに力点が置かれた指導から、「音」の重要性を強調する指導へと転換することにした。

具体的には、「目に見えない音をどのように子どもに意識させるか」を重視し、以下のように音を記号や動作によって目に見える形で示す手法をとった。これにより、子ども自身が文字と音節とが一対一に対応していない特殊音節のメカニズム（ルール）を認識できるよう促した。

①視覚化

音のイメージを、視覚的に、特徴的に捉えられるよう記号で表す。一例（促音）を示そう（図10-2）。まず、「ねこ」と「ねっこ」の絵を提示し、音を確かめる。次に、音に合わせて記号を置き、音と記号とを一致させる。

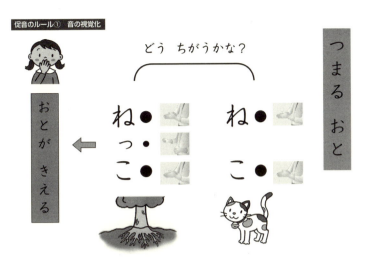

図10-2　促音の視覚化と動作化（文献7）

②動作化

　視覚化と同様、特殊音節のルールを明確にすることを目的にしている。動作化により、目に見えない音の特徴を、具現化、体感することができる。自分の体を使うことで、時や場所を選ばず、わからなくなった時に自身でルールの確認ができる。清音、濁音・半濁音については、手を一度たたき、促音を表す小さい丸の記号のところは、両手をグーに握り音を出さない。音と記号、動作の理解がなされたうえで最終的に文字を対応させる。

MIMにおけるアセスメント（MIM-PM：めざせよみめいじん）

　MIM-PM（Multilayer Instruction Model-Progress Monitoring）は、早期の読み能力、とくに特殊音節を含む語の正確で素早い読みに焦点を当てている[5][7]。つまずきを早期に把握できるようにするため、通常の学級での実施を視野に入れている。一度でなく、継続的に（たとえば月に一度）実施することで、子どもの伸び、指導に対する反応が把握できる。また、指導者側も、みずからの指導が効果的であったかについて検証することが可能である。

　構成は、正しい表記の語を素早く認識するテスト①「絵に合うことば探し

図10-3　MIM-PM（文献7）

（3つの選択肢の中から絵に合う語に丸をつける課題）」と、意味のある語のまとまりを素早く認識するテスト②「3つのことば探し（3つの語が縦に続けて書いてあるものを素早く読んで、語と語の間を線で区切る課題）」の二部構成で、各テストを1分間で行う（図10-3）。

　MIM-PMの結果は、クラスレポートや個人レポートとして表される。クラスレポートでは、クラスの子どものMIM-PMの結果を得点順に示すことで相対的な位置の把握、支援を必要とする子どもの明確化、クラス全体としての習得度の把握ができる。この結果に基づいて、指導の計画・実施・修正を繰り返す。

これまでの研究成果

支援ニーズがありつつも気づかれにくかった子どもへの気づきの実現
　MIM-PMに関する研究[5]では、読解力を含む読みの総合的な力を測ろうと

しているアセスメントとの相関や、小学校第1学年の年度当初5月のMIM-PMの結果と年度末の結果間での相関がみられている。さらには、口頭言語の発達のよさ等によって、読みに支援ニーズがありつつも気づかれにくかった子どもに対する教師の気づきを促す効果もみられた。具体的には、MIM-PMの結果から、「予測より得点が低かった」とみなされた子どもがクラスに3～17％おり、そうした子どものニーズへの早期の気づきが示唆された。

通常の学級における効果的指導の実現

MIMを通常の学級で実施することで、異なる学力層の子どもに与える影響・効果を調べた。具体的には、MIMを1年間実施してきた群と、平常の授業を行ってきた群との間での比較である。その結果、MIMを実施してきた群では、特別な教育的ニーズを有する子どもの層だけでなく、他の学力層の子どもにおいても読解力を含む読みや書きの力が高く、両群の間に有意な差がみられている。[(4)]

また、最もつまずきの重篤化がみられた3rdステージ指導を要した子どもへの効果についても検証した。3rdステージ指導は、通常の学級内外において、補足的、集中的、柔軟な形態による、より個に特化した指導である。その結果、得点の上昇がみられただけでなく、学習に対する子ども自身の見解にも変化がみられた。3rdステージ指導の前後で、「読むことが好き」「読むことが得意」と回答した割合が30～40％台からいずれも約80％にまで上昇したのである。[(3)]読む力が向上していくことはもちろんだが、こうした学習自体への見解、自分自身の能力への評価が肯定的に変化していくことは、その後の学習や生活を支えるうえでとくに重要と考える。

MIMの効果をいかに解釈するか

教師間の共通言語としての学力指導モデル

時に耳にする「配慮が必要」といった概念・基準には大きな曖昧さが伴う。その結果、子どものニーズへの対応は、教師の力量や意識、モティベー

ションに委ねられてしまうといっても過言ではない。MIMにおいては、何らかのニーズを有する子どもが「2ndや3rdステージ指導を要する子ども」として、共通の基準で表される。いかなる環境にも左右されず、子どものニーズが確実に挙がってくる意義は大きい。このように子どものニーズを捉える際、いわば共通言語があることで、子どものイメージが教師間で共有できることになる。イメージの共有化は、充実した議論を生む。充実した議論は、互いの状況に関する理解の表れでもあり、協力関係、チームでの支援へと発展する。

教師みずからによる気づき

MIMを市内全小学校で実践している自治体で、MIM-PMの結果をみて「どのように指導に活かしたか」という質問を行ったところ、「下位の子どもへの配慮」と回答した教師が半数を超えていた。[8] このような教師みずからの気づきや指導・支援への必要性がとりわけ重要と考える。周囲から指摘され、受動的に支援を開始するのではなく、みずからが根拠をもとに考察し、それを実行に移すことで、教師自身の指導・支援に対するモティベーション、さらには専門性の向上が見込まれる。

すべての子どもに通じる指導原理

MIMの指導の要素は、「ルールの明確化（わからない時にどこに戻って確認すればよいか、自分自身で解決する術を示すこと）」「多感覚な指導」「多様で、柔軟な指導構造、教材、活用方法」に代表される。[10] こうした要素が、3rdステージ指導を要する子どもたちに効果をもたらす。換言すれば、これらの要素を含むことではじめて、3rdステージ指導対象の子どもは、学びが達成できる可能性が増す。

それでは、1stステージ指導段階の子どもにも効果がみられた点をどう解釈するか。1stステージ指導の子どもは、先に挙げた要素が整わなければ学びが達成できないとは限らない。たとえこれらの要素が含まれない指導であっても、自身の能力で学び、理解していくことも可能であろう。ただし、こ

れらの要素を取り入れた指導を行うことで、学習に対して意欲的になり、自身の能力をより広く深く発揮する機会の獲得、創造的な学びの実現が成しうるのではないかと考える。

さいごに

LD等、つまずきを示す子どもたちにとって効果的な指導は、さまざまなニーズのある子ども、ひいてはすべての子どもに通じる指導でもあるとの考え方がMIMの根底にある。平成27（2015）年度から小学校第1学年の国語の教科書にMIMの指導法の一部が採用された[12]のも、そうした考え方が受け入れられた結果と捉えている。

また、読みというのは、国語領域にとどまらず、他の領域においても、さらには、日常生活にまで支障をきたしうる。自分が読みたい本、知りたい情報にアクセスするにしても、このハードルは越えなくてはならず、つまずきの補償を先延ばしにすればするほど、学習や情報獲得の機会を失うことにもつながっていく。だからこそ、早期に支援することが不可欠なのである。

一つのことにつまずき、自信を失った子どもたちが、一つのことができるようになったことで、自信をつけ、さまざまなことに挑戦しようとする。その姿にあらためて教育の可能性を感じずにはいられない。

本章は、日本LD学会第23回大会での教育講演の内容およびその論文[10]をもとに再構成した。

〔文　献〕

（1）Fletcher, J.M., Coulter, A.W., Reschly, D.J. et al.: Alternative approaches to the definition and identification of learning disabilities: some questions and answers. *Annals of Dyslexia* 54: 304-331, 2004.

（2）Fuchs, D., Fuchs, L.S., Compton, D.L.: Identifying reading disabilities by responsiveness-to-instruction: specifying measures and criteria. *Learning Disabilities Quarterly* 27: 216-227, 2004.

（3）海津亜希子、田沼実畝、平木こゆみ「特殊音節の読みに顕著なつまずきのある1年生への集中的指導—通常の学級でのMIMを通じて」『特殊教育学研究』47巻、1-12頁、2009年

（4）海津亜希子、田沼実畝、平木こゆみ他「通常の学級における多層指導モデル（MIM）の効果—小学1年生に対する特殊音節表記の読み書きの指導を通じて」『教育心理学研究』56巻、534-537頁、2008年

（5）海津亜希子、平木こゆみ、田沼実畝他「読みにつまずく危険性のある子どもに対する早期把握・早期支援の可能性—Multilayer Instruction Model-Progress Monitoring（MIM-PM）の開発」『LD研究』17巻、341-353頁、2008年

（6）海津亜希子「日本におけるLD研究への示唆—米国でのLD判定にみられる変化をうけて」『LD研究』15巻、225-233頁、2006年

（7）海津亜希子編著『多層指導モデルMIM読みのアセスメント・指導パッケージ—つまずきのある読みを流暢な読みへ』学研教育みらい、2010年

（8）海津亜希子『通常学級のLD等へ科学的根拠のある指導提供をめざした多層指導モデル汎用化の構築　平成22〜24年度科学研究費補助金（若手研究（A））研究成果報告書』2013年

（9）海津亜希子「高い実践性を有する多層指導モデルMIMの創造をめざして」『LD研究』23巻、41-45頁、2014年

（10）海津亜希子「教育講演　RTIとMIM」『LD研究』24巻、41-51頁、2015年

（11）National Center on response to Intervention: Essential components of RTI: a closer look at Response to Intervention. National Center on response to Intervention, 2010.（http://www.rti4success.org/sites/default/files/rtiessentialcomponents_042710.pdf）

（12）小森茂、梶田叡一、角野栄子他『新編あたらしいこくご1上』東京書籍、2015年

（13）Vaughn, S., Fuchs, L.S.: Redefining learning disabilities as inadequate response to instruction: the promise and potential problems. *Learning Disabilities Research and Practice* 18: 137-146, 2003.

（14）Weintraub, F.: The evolution of LD policy and future challenges. *Learning Disabilities Quarterly* 28: 97-99, 2005.

第**11**章
COGENTプログラムを用いた
読みにつまずきのある子どもの指導

中山　健

COGENTの理論的背景

　Cognitive Enhancement（COGENT）プログラムは、ダス[2]によって開発
された、主に学校で学習する読みに結びつく認知機能、音韻意識、言語機能
を促進することを目指したプログラムである。COGENTは、読み困難に関
するさまざまな知見や神経心理学において多大な業績を残したルリア
（Luria, A.R.）や心理学のモーツァルトと称されたヴィゴツキー（Vygotsky,
L.S.）が唱えた理論等を背景にしている。以下にCOGENTの主な理論的背
景の概要を述べる。

(1)　知能のPASS理論と心理検査DN-CAS
　知能のPASS理論とは、ダス、ナグリエリ、カービィ[3]によって提唱された
知能に関する理論である（図11-1）。知能は、Planning（プランニング：P）
-Attention（注意：A）-Simultaneous（同時処理：S）-Successive（継次処
理：S）の4つの認知処理過程と背景知識からなるという理論である。知能
のPASS理論は、ルリアが唱えた脳の機能モデルに基づいて構築された。
　知能のPASS理論におけるプランニングとは、知識や他の認知処理過程を

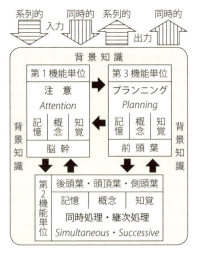

図11-1 知能の PASS 理論（文献3）

用いながら認知的活動を統制し、ゴールに到達するための意図や自己調整を行う処理過程である。注意とは、一定時間にわたって認知的活動を焦点化させ、選択する処理過程である。同時処理とは、複数の刺激を全体的に処理し空間的に統合して符号化する処理過程である。継次処理とは、刺激を一つずつ系列的・時間的順序で符号化する処理過程である。

ダスとナグリエリは、この知能のPASS理論を心理学的に測定するための心理検査Das-Naglieri Coginitive Assessment System（DN-CAS）を1997年に開発した[11]。DN-CASでは、5歳から17歳までの発達尺度をもち、全検査標準得点とともに、プランニング、同時処理、注意、継次処理の4つのPASS標準得点を求めることができる。DN-CASの日本版尺度は2007年に作られた[10]。

(2) 発達の社会・文化的アプローチ

ヴィゴツキーが唱えた理論は「発達の社会・文化的アプローチ」とも呼ばれている。その代表的な考え方の一つに次のようなものがある。

読みをはじめとするすべての高次精神機能は、人の発達の過程で二度、2

つの水準で現れる。はじめは人々の間（社会的水準）で精神間カテゴリーとして現れ、その次に個人内（心理的水準）で精神内カテゴリーとして現れる。思考・記憶・注意などの精神過程は、最初、社会的活動の中で参加者の間に共有された過程として機能し、次にそれが個人の中に内面化されていく。この例に「指さし」があげられる。指さしは子どもが欲しいモノに手を伸ばすことから始まる。この段階では、子どもの運動には指示的機能はない。母親が「これ欲しいの？」と、子どもの手の運動に指示的意味を与え、モノを取ってあげる。母親とのやりとり（精神間）を通して、子どもは指さしという行為が指示的機能をもっていることを理解するようになる（精神内）[15]。

(3) 読みとRANの関係

ウォルフとバウアーズ[16]が提唱した読みの二重障害仮説では、発達性読み書き障害の根本要因に音韻意識の障害とRapid Automatized Naming（RAN）の障害を想定している。

COGENTには、この二重障害仮説にある音韻意識に関する活動（モジュール２および４）とRANに関する活動（モジュール１および５）が用意されている。RANとは、不規則に繰り返し配置された絵や色、文字、数字などをできるだけ速く繰り返し呼称したり音読したりする課題である。視覚に入ってくる絵や文字に対応する言語的情報を素早く表出するという作業は、単語や文を読むことと共通するものであると考えられている[9]。

ダス[2]は二重障害仮説の音韻意識においてもRANにおいても、その背景にある基礎的な認知処理過程に継次処理があると指摘している。そのうえでRANと読みに関する早期訓練の研究結果を次のように要約している。

①形、物、色に関する知識は、就学前の子どもたちにとって重要なのは明らかである。ほとんどの子どもはこうした知識を自発的に獲得している。まだ獲得していない子どもにとって、速い命名を促すようなプログラムは認知機能を強めるのに有効である。

②文字の命名は読みの基礎と直結している。就学前に文字の命名が遅かっ

たり、色や物の命名スピードが遅かったりした子どもは、5年後に読み
のスピードが遅い傾向にある。しかし、この傾向は指導によって改善さ
れる見込みがある。

③文字の自動的な認知を促進する努力は、とくに文字に触れる環境になか
った子どもたちに効果的である。読みの成績が良い高校生は、読みの成
績が悪い高校生よりも文字を認知するスピードが速い。

④初期の読みに対する中心的で包括的な認知処理過程は、作業記憶を含め
た継次処理過程である。一方、単語を読む時のブレンディングや内容の
理解には、同時処理過程が重要な役割を果たしている。

COGENTプログラムの概要

⑴　COGENTの概要と特徴

　目的：COGENTの目的は、子どもの家庭・学校・地域社会において必要
となる読み書きの技能を高めることにある。

　対象：COGENTが対象として想定している子どもは、4〜7歳の定型発
達児および発達にリスクのある子どもたちである。発達にリスクのある子ど
もとは、環境的な原因で読み書きに困難のある子ども、発達障害が原因で読
み書きに困難のある子ども、軽度発達遅滞の子ども、言語障害のある子ども
等である。

　利用者：COGENTを利用できるユーザーには、教師、心理職、教師の助
言を受けた補助教師、心理学や教育学を学んだ保護者があげられる。

　利用環境：10人あるいはそれ以下のグループでの利用が可能である。複数
の指導者がいれば、通常の学級の規模でも実施可能である。これまでの研究
によって、日本の通常の学級（30〜40人程度）でも実施可能であることが明
らかになっている。家庭でも実施可能である。

　特徴：COGENTは、活動に取り組みながら、読みやアカデミックスキル
を発達させる道すじを提供する。したがって、子どものレディネスや発達の
系統性を考慮して作られている。COGENTは子どもが参加しやすい活動で

構成されている。また、教材や活動には柔軟さがある。そのため、子どもの実態に合わせて教材の内容や活動のやり方を変えることができる。一つひとつの課題に理論的な背景があり、活動への参加を通して子どもと教師の相互作用を促進することができる。

⑵　COGENTの課題内容
①COGENTの実施方法

COGENTは5つのモジュールと呼ばれる課題群で構成されている。各モジュールは十数～三十数種類の活動を含んでいる。また、各モジュールはパート1とパート2に分かれている。表11-1には各モジュールの焦点と各パートにおける課題の内容の概要を示した。

COGENTの実施にあたっては、まずモジュール1～5の順にパート1のみを実施する。次に同様にモジュール1～5の順にパート2を実施する。パート1からパート2に移るにつれて活動は複雑なものとなる。

②各モジュールの概要
モジュール1：手を握りましょう・言いましょう

行動の抑制、行動の自己調整、選択的注意、同時処理を伸ばすことをねらいとしている。このモジュールによって統合されるスキルとして、注意、命名スピード、視覚的弁別、内言による行動の調整がある。

このモジュールでは、子どもははじめ他者、たとえば教師や指導者からの教示に注意を払い、次にそうした注意を内在化することを目指す。

使用される刺激の中心は20種の動物の写真カードである。子どもは動物の大きさに反応して、「大きい」または「小さい」と言ったり、「大きい」と言って手を2回握ったり、「小さい」と言って手を1回握ったりする。活動が進むと「大きい」や「小さい」を言うことなく、手を2回または1回握ったりする。

次は同じ動物についてその名前の長さに反応して、「長い」または「短い」と言ったり、「長い」と言って手を2回握ったり、「短い」と言って手を1回握ったりする。活動が進むと「長い」や「短い」を言うことなく、手を

第11章　COGENTプログラムを用いた読みにつまずきのある子どもの指導　131

表11-1　COGENT の概要

モジュール名	焦点	各パートの課題内容	
		パート1	パート2
モジュール1 手を握りましょう・言いましょう	同時処理、命名スピード等に焦点を当てた25の活動	動物や花の写真を見て、手を握ったり開いたりして反応する。動物か花かを弁別して反応したり、動物の大小を弁別して反応したりする。指導者の「握る」「開く」の指示を聞いて反応することから、自分で言いながら反応すること、内言による反応をすることへと移していく。	動物や花の写真を見て、手を握ったり開いたりして反応する。動物の名前の長短を弁別して反応したり、言葉の長短を弁別して反応したりする。
モジュール2 手を叩きましょう・聞きましょう	継次処理、音韻意識、作業記憶等に焦点を当てた17の活動	いくつかの単語／音のセットを聞き、そのセットの中で異なる単語／音を聞いた時に手を叩く。指導者が単語／音の提示スピードを速くして難易度を高くする。韻を踏んだ名前を聞いて同じ韻をもつ友だちの名前を言う。	ワーキングメモリを伸ばすために単語や音を繰り返し言う。さまざまな形が描かれたシートを見てルールに従いながら命名する。色と形に関する命名からはじまり、文字を指定された韻をもつか否かで読んだり読まなかったりする。
モジュール3 おかしな関係	プランニング、同時処理、継次処理に焦点を当てた32の活動	ぬいぐるみやカードを使って、指導者が口頭で示した物の関係に沿って物を配置して言語化する。加えてその配置に関する簡単な質問に答える。また、ストーリーを提示しそのストーリーについて結論的／予測的な問題に答える。花瓶のカードを使って形容詞や動詞を含んだり、位置関係を示したりした言語指示を理解して実行する。	指導者が提示する文を聞いた後に指導者の質問に絵カードを使って答える。いくつかの絵が描かれたシートを見てルールに従いながら命名する。また、平仮名、片仮名、漢字が書かれたシートを見てルールに従いそれらを読んだり読まなかったりする。
モジュール4 名前あそび	継次処理、作業記憶、音韻意識、類推に焦点を当てた18の活動	単語のはじめの音を繰り返し言うことによって、単語に含まれる音に注意を向ける。また、さまざまな単語を語頭音と残りの語に分けることによって音のブレンディングや削除を促進する。語頭音を見てそれを含む単語を複数の中から選んだり、語尾音を見てそれを含む単語を複数の中から選んだりする。	2つの単語を結びつけて新しい単語を言ったり、ある単語に含まれる単語や音を削除して言ったりする。単語が書かれたシートを見てルールに従い韻をもつものを読んだり読まなかったりする。
モジュール5 形・色・文字	継次処理、色・形・物の命名、作業記憶に焦点を当てた31の活動	5つの色と形が描かれたシートを見てそれらを速く命名する。指導者が提示した色や形の系列を聞いて、それらを指しながら再生する。	指導者が提示した複数の単語の系列を聞いて、それらの絵を指さし、その単語の頭文字を読む。複数の文字の系列を聞いてそれらを指さす。複数の絵が描かれたシートを見てそれらを速く命名する。

132

2回または1回握ったりする。

　モジュール2：手を叩きましょう・聞きましょう

　継次処理を伸ばすことをねらいとしている。このモジュールによって統合されるスキルとして、注意、構音スキル、音韻定位、聴覚弁別、音韻意識、作業記憶がある。

　このモジュールでは、子どもが単語の系列や音韻を思い出す方略を獲得することを目指す。音韻意識や作業記憶は子どもが読みを獲得する準備をするのに必要である。

　はじめの活動では、同じ単語や音が提示されるなか、子どもは異なる単語や音が提示された時に手を叩いて反応する。活動が進むと、2～4つの単語の系列を覚えてそれを保持しながら繰り返し言う。さらに活動が進むと、2つのルールを覚えてそれを保持しながら指定された韻をもつ単語を読んだり読まなかったりする。

　モジュール3：おかしな関係

　プランニング、同時処理、継次処理を伸ばすことをねらいとしている。このモジュールによって統合されるスキルとして、言葉の論理的関係の理解、動詞の理解、単語の連合、文法、文の理解、順行／逆行干渉、語彙、作業記憶がある。

　このモジュールでは、行為の文脈において文の意味の理解を促すことを目指す。行為の本質的な特徴には、連続性があること、統語と意味を一緒にもたらすことの2点がある。

　はじめの活動では子どもは、提示された文のとおりに動作化したり、絵カードで表現したりする。活動が進むと、たとえば「少ない花の花瓶の横に多い花の花瓶を置いてください」といった言語指示を理解して実行する等に取り組む。さらに活動が進むと、複数の文からなるストーリーを聞いて、そのとおりに絵カードを操作したり、その後を想像してお話を作ったりする。

　モジュール4：名前あそび

　継次処理を伸ばすことをねらいとしている。このモジュールによって統合されるスキルとして、類推、作業記憶、言語化、音韻意識がある。

このモジュールでは、単語のオンセットやライムを分析したり、2つの音を合成したり、音の削除を行ったりする。こうした活動を通して音韻意識・音韻操作能力を伸ばすことを目指す。

はじめの活動では、「くるま」を「く」と「るま」のように語頭と語尾の2つに分けたり、逆に2つの単語や音を1つにして言ったりする。活動が進むと、ある単語から特定の単語や音を削除した単語または音を言う。さらに活動が進むと、指定された韻をもつ単語を読んだり読まなかったりする。

モジュール5：形・色・文字

継次処理を伸ばすことをねらいとしている。このモジュールによって統合されるスキルとして、自動化、命名スピード、作業記憶、色と形への注意、色・形・物の命名がある。

このモジュールでは、子どもの色・形・文字に対する認知能力を高め、子どもの命名スピードを高めたり、自動化を高めたりすることを目指す。

はじめの活動では、たとえばたくさんの図形がならんだ図版を見て、「正方形―三角形―六角形……」と形を順々に命名したり、「赤い正方形―黄色い三角形―青い六角形」と色のついた形を順々に命名したりする。活動が進むと、提示された2～4つの単語の頭文字を指したり命名したりする。さらに活動が進むと、指導者が指した物や文字を早く命名する。

COGENTプログラムの実践

COGENTプログラムの実践について複数の研究で報告され、一定の成果が認められている。その概要を紹介する。

(1) 海外の実践
①ダスらの報告[4]

インドの養護施設に住む11名の子どもにCOGENTが実施された。COGENT実施後の読みの成績は、11名中10名において彼らの年齢から期待される読みの成績よりもはるかに高い成績の向上が認められた。

参加児の54％にDN-CASにおける成績の向上が認められた。加えて９％の参加児では、DN-CASにおけるPASSの４つの尺度のうち３つにおいて成績の向上が認められた。英語を第一言語としない参加児に英語でCOGENTを実施したにもかかわらず、COGENTに効果を認めることができた。

②ヘイワードら⁽⁵⁾の報告

カナダ先住民の小学３年生の子どもを対象にCOGENTが実施された。彼らの第一言語は英語ではないため、英語の読みの習得につまずく子どもが多いことが指摘されている。

音韻意識、RAN、読みの到達度、聴覚的理解、DN-CASを測度としてCOGENT実施前後の効果を測定した結果、読みの到達度において実施後に成績の向上が認められた。

(2)　日本の実践

中山⁽¹²⁾はCOGENTの日本語訳に取り組み、次のような実践の成果を得ている。

①中山・新井・新江⁽¹³⁾の報告

学習障害のある児童を対象に約５ヵ月間、日本語のCOGENTを実施した。その結果、対象児の読書年齢は実施前に比べて、約12ヵ月の向上が認められたことを報告した。

②青木・室谷・増南ら⁽¹⁾の報告

就学後に学習のつまずきが予想される幼児２名にCOGENTを実施した。COGENT実施前と実施後の幼児児童読書力テストを分析した結果、２名ともに10ポイント以上の読書力偏差値の向上が認められた。また、２名における毎セッションのCOGENT課題開始前後のふりかえりの発話を分析した結果、友だちの言動を参考にしたという発話があったことを見出した。そして、２名の児童がお互いを意識し、独力では困難な課題に対しても、他児の言動を参考にすることで課題遂行や言語化が促されたとの考察を加えた。

③平井・新島・中山⁽⁶⁾の報告

小学１年生の通常の学級を対象に、２学期から３学期にかけて約５ヵ月間

表11-2　COGENT群と統制群における貸し出し図書数の変化（文献6）

	1学期	2学期	3学期	計
COGENT群				
1人当たりの平均図書数	15.39	51.83	25.00	92.22
標準偏差	2.23	13.41	7.42	19.47
統制群				
1人当たりの平均図書数	14.43	33.17	13.78	61.39
標準偏差	1.04	4.62	4.73	8.31
t値	1.87	6.31	6.11	6.98
自由度	31.08	27.15	44	29.76
有意水準	ns	p<.01	p<.01	p<.01

COGENTを実施した。実施前後の標準読書力診断テストの伸びを統制群と比較した結果、統制群が約3ヵ月の伸びであったのに比べて、COGENT実施群では約7ヵ月の伸びが認められた。また、COGENT群は統制群に比べて、図書室における図書の貸し出し冊数が1.5倍であった（表11-2）ことが明らかとなり、COGENTの副次的な効果と考えられた。

④新島・平井・中山[14]の報告

小学4年生の通常の学級を対象に、約3ヵ月間COGENTを実施した。実施前後の標準読書力診断テストを比較した結果、約15ヵ月の読書年齢平均の明らかな向上が認められた（表11-3）。このクラスに在籍した学習全般につまずきのある児童や学習障害が疑われる児童においても、6～28ヵ月の読書年齢の向上が認められた。また、TK式読み能力診断検査を比較した結果にも、明らかな成績の向上が認められた（表11-3）。このことから、読みの入門期を過ぎた児童においてもCOGENTの効果があることが明らかとなった。

このように日本語によるCOGENTにも効果があることが確かめられている。COGENTは集団での利用を想定している。したがって、平井ら[6]や新島ら[14]のように、学校現場では学級単位で実施できるという利点がある。また、中山ら[13]や青木ら[1]のように、個別または少人数で実施できる可能性もある。平

表11-3　COGENT実施前後の読みに関する能力の検査結果（文献14）

	標準読書力診断テスト		TK式読み能力診断検査	
	読書年齢(月齢)	読書指数	読み能力偏差値	10段階偏差値
n	34	34	32	32
実施前				
平均	128.88	105.15	50.53	5.66
標準偏差	18.32	11.05	1.46	1.73
実施後				
平均	143.97	111.86	57.22	7.03
標準偏差	21.20	11.88	1.67	1.93
t値	-6.08	-5.48	-6.72	-6.89
有意水準	p<.01	p<.01	p<.01	p<.01

[7][8]
井らは、学習障害の早期発見のために、COGENTを利用した読みのアセスメント法を考案し、集団で実施する試みも検討している。

おわりに

　本章では、COGENTプログラムの概要と実践について紹介した。さらにCOGENTの実践を積み重ねて知見を深める必要がある。そのうえで日本の実状に合ったCOGENTプログラムの開発が待たれる。

〔文　献〕
（1）青木真純、室谷直子、増南太志他「就学後に学習のつまずきが予想される幼児に対するCOGENTプログラムを用いた指導の効果」『障害科学研究』37巻、13-26頁、2013年
（2）Das, J.P.: *The Cognitive Enhancement Training Program (COGENT)*. Das Developmental Disabilities Centre, University of Alberta, 2004.
（3）Das, J.P., Naglieri, J.A., Kirby, J.R.: *Assessment of cognitive processes: the PASS theory of intelligence*. Allyn & Bacon, 1994.
（4）Das, J.P., Hayward, D., Samantaray, S. et al.: Cognitive Enhancement Training (COGENT): What is it? How does it work with a group of disadvantaged children? *Journal of Cognitive Education and Psychology* 5: 328-335, 2006.
（5）Hayward, D., Das, J.P., Janzen, T.: Innovative programs for improvement in reading through cognitive enhancement: a remediation study of Canadian First Nations

children. *Journal of Learning Disabilities* 40: 443-457, 2007.

（6）平井みどり、新島まり、中山健「通常の学級におけるCOGENTプログラムの適用に関する研究―小学1年生の国語科学習との関連を図って」『福岡教育大学附属特別支援教育センター研究紀要』1号、33-45頁、2009年

（7）平井みどり、高倉稔恵、納富恵子他「通常の学級できる『読み』のインフォーマルアセスメント―COGENTプログラムの考え方を踏まえて」『福岡教育大学附属特別支援教育センター研究紀要』3号、87-98頁、2011年

（8）平井みどり、高倉稔恵、納富恵子他「COGENTの考え方を踏まえたインフォーマルアセスメントの指導への適用―1年A児の『読み』の指導を通して」『福岡教育大学附属特別支援教育センター研究紀要』6号、15-33頁、2014年

（9）小杉裕子「読み能力の評価のための検査」石田宏代、大石敬子編『言語聴覚士のための言語発達障害学』108-110頁、医歯薬出版、2008年

（10）前川久男、中山健、岡崎慎治『日本版DN-CAS認知評価システム』日本文化科学社、2007年

（11）Naglieri, J.A., Das, J.P.: *Cognitive Assessment System*. Riverside, 1997.

（12）中山健「知能のPASS理論に基づいた読み促進プログラム―COGENT：Cognitive Enhancementプログラム」『福岡教育大学紀要　第4分冊』58号、263-274頁、2009年

（13）中山健、新井志保、新江愛美「学習障害のある児童へのCOGENTプログラムの適用」『LD研究』21巻、338-350頁、2012年

（14）新島まり、平井みどり、中山健「通常の学級におけるCOGENTプログラム適用に関する研究」『福岡教育大学紀要　第4分冊』63号、167-179頁、2014年

（15）佐藤公治「言語と対話」茂呂雄二、有元典文、青山征彦他編『状況と活動の心理学―コンセプト・方法・実践』52-59頁、新曜社、2012年

（16）Wolf, M., Bowers, P.G.: The double-deficit hypothesis for the developmental dyslexias. *Journal of Educational Psychology* 91: 415-438, 1999.

第**12**章
算数につまずきを示す子どもの理解とその指導

伊藤一美

算数につまずきを示す子どもたち

算数障害は、LD（限局性学習症）の一つのタイプで、文部科学省によると、基本的には知的発達に遅れは認められないものの、算数の学習に著しい困難を示すことが指摘されている。また、DSM-5によると、算数の学習に遅れが認められることに加え、計算で指を使用するなどの特異なつまずきを示すことが指摘されている。

しかし、算数のつまずきに対する指導を考えるうえでは、算数障害であるかどうかということより、つまずきに対応した指導のあり方を検討することが重要であるといえる。

また、数えることや計算などの数を扱う処理を支えている機能の一つとして、ワーキングメモリと呼ばれる機能があることが知られている。ワーキングメモリとは、課題の遂行に必要な情報を活性化状態で保持しつつ並列して処理を行う、人間の記憶メカニズムを支える機能の一つである。たとえば、私たちが目の前にある"もの"を数える際、頭の中で、対象物の視覚的なイメージを保持しながら、頭の中で数詞を1、2、3……と唱える処理が必要となる。また「49＋25」という計算をする場合は、紙の上に記述された計算

式を保持しながら、筆算の手続きに基づき、「9 + 5 = 14」「1 繰り上がる」……という演算の処理を行う必要がある。このように、計数や計算というような活動を行う際、情報の保持と処理を同時に行う活動を支えているのがワーキングメモリの機能である。

そこで、本章では、就学前の数の概念の獲得のつまずき、小学校の計算のつまずきと文章題のつまずき、中学校・高等学校の計算領域のつまずきを取り上げ、ワーキングメモリの機能の観点から、その理解と指導のあり方について考えてみたい。

就学前にみられる数の知識のつまずきの理解と指導

(1) 子どもたちは数の知識をどのように獲得しているのか

幼児期にみられる数のつまずきとしては、「数を数えられない」「100まで数えられない」「多少がわからない」など、さまざまなつまずきがある。このような幼児期の数の理解のつまずきを指導するためには、子どもは数をどのように理解しているのかということを知ることから始める必要がある。では、子どもたちは数の知識をどのように獲得しているのであろうか。

数の知識は、言語的なシンボルと空間の世界が結びついたところにあると考えられている。乳児は、生得的な能力としての数の多少を識別する感覚（数感覚：number sense）をもっており、この生得的な能力である数感覚と、言語能力が組み合わさることによって、3程度までの小さい数を認識することができるようになると考えられている。子どもたちは、これらの能力と、小さい個数を瞬時に把握できる能力（subitizing）を活用し、数を表すことばや指を使って、3より大きい数を数えることを習得し始める。

その後、はるかに大きな数を扱うことができるようになるためには、生得的な能力である数感覚や個数を瞬時に把握する能力とは別の、数を数える能力が必要になる。数える能力の一つは、数唱と呼ばれる能力である。まず1、2、3という数詞があることを知る段階から始まり、数詞の順序を獲得し、最終的には数詞を抽象的に理解できる段階へと発達し、数（数詞）の基

本的な理解が獲得される。もう一つは、集合数を把握する能力である。①ものと数詞が一対一対応であること、②数詞は安定した順序であること、③ものを数える順序は無関連であること、④最後の数詞が個数を表していること（基数性）、⑤数には抽象性があること、の５つの原理を理解することが計数するためには必要である。このことによって、より大きな数の計数ができるようになる。このような計数の能力は、単純なものから高度なものへ発達し、初期の簡単なたし算やひき算へとつながっていると考えられている。

⑵　数の知識のつまずきの理解と指導

①個数を数えられない子ども（計数のつまずき）

「数を数えられない（個数がわからない）」という子どもの数えている様子をていねいに観察すると、集合数をまったく理解していないのではないことに気づく。すなわち、子どもたちのつまずきは、数えられないのではなく、"数え間違えている" "数え飛ばしている" "ものと数詞がずれてしまう" "同じものを二度数えてしまう" 等の失敗をしていることによるものであることがわかる。したがって、数えられない原因は、目の前にある対象物と数詞を一致させることに失敗していることにあると考えられる。これらの失敗を分析すると、数えている対象物のイメージを保持しながら、数詞を唱えるという処理を行うことに失敗していると理解することができる。

　したがって、その指導には、２つのアプローチが考えられる。一つは、視覚的な処理を支える方法で、数えたものには印をつけて数える、あるいは、数えたものとまだ数えていないものを区別して数えるというような指導方法である。印をつけたり区別をしたりすることで、対象物のイメージの保持を支えることができる。もう一つは、言語的な処理を支える指導として、数字を順番に記述したカードを使用し、数字と対象物を一致させながら数える方法があげられる。数詞を視覚化することによって、数詞を唱える処理を支えることができるのである。

②100まで数えられない子ども（数唱のつまずき）

100までの数詞を順番に唱えられない子どもは、数列を記憶していないと

第12章　算数につまずきを示す子どもの理解とその指導　141

認識される場合が多く、繰り返し数詞を唱えさせるという指導がとられることが多い。しかし、数を唱えている場面をていねいに観察すると、正しく唱えることができたり、また、ときどき数詞が出てこなかったりするという特徴があることに気づく。このことから、数詞の順序をまったく記憶できていないのではなく、数詞を唱えながら、次の数詞をスムーズに想起することに失敗していることに原因があると考えられる。したがって、数詞を想起しやすくする支援として、100までの数列を視覚化したものを使用することによって数詞を唱えるという指導が有効であることがわかる。

小学校でみられる算数のつまずきの理解と指導

(1) 計算の発達過程

吉田[3]によると、子どもたちは、就学前に、ごく自然に簡単な計算（たし算・ひき算）ができるようになるという。その後、就学前には、指やものに依存しながら計算していた段階から、次第に頭の中で内的に計算することができるようになる。小学校入学後、算数という教科の中で、数を体系的に学習することによって、日常生活の中で培ってきた知識に、論理的な説明が加えられ、それらの知識が体系的に関連づけられる段階になる。

学習が進む中で、計算に使用する方略は、数える（count-based）方略から、いわゆる暗算と呼ばれる記憶をもとにした（memory-based）方略へ発達していく。学年が進み、多位数の計算を解くための手順は、学校でその手続きを習うことによって習得していることがわかる。さらに、筆算と呼ばれる多位数の計算には、数の知識と計算の手続きに関する知識の2つが関連していると考えられている。

(2) 計算のつまずき

「計算ができない」と指摘される子どもは、まったく計算ができないのではなく、「他の子どもが暗算を用いているような計算で、指を使用するなど、数えて計算をしている」あるいは「繰り上がり／繰り下がりの計算にお

いて、学校で習う方法（繰り上がりの計算では"加数分解法"と呼ばれる方法、繰り下がりの計算では"減加法"と呼ばれる方法）が使えず、一つひとつ数えて計算している」「九九が覚えられない」「筆算の途中で計算手順を誤る」「小数や分数の計算ができない」などのように、計算に失敗していることがわかる。

①指を使用して数えている子ども

　小学校1年生の計算学習をしている授業を観察していると、最初は指を使用して数えていた子どもが、あっという間に、即座に計算の答えを出せるようになっていることに気づく。しかし、計算が苦手な子どもは、なかなか数える方略から脱却することができない。この場合、暗算に失敗していることから、計算の答えを記憶できていないことが理由だと誤解されやすいが、計算式からその答えを想起できないことが原因であると考えられる。

　したがって、指導の最初に重要なのは、子どもが使用している数える方略を洗練させる方針で指導することにある。具体的には、指で数える際に、一貫した方略で数えることによって数え間違えを減らすことから始めること、指を立てて数えると10以上の計算で数えることができなくなるため、指折り数える方略を使用できるようにすること、足される数（被加数）と足す数（加数）をすべて数える方略から数え足す方略へ移行すること、があげられる。指を使用することで、内的に計算できない弱さを支え、計算の答えをスムーズに想起しやすくなることを目指す方法である。

　指ではなく算数タイルと呼ばれる具体物や、計算尺と呼ばれる数直線を使用する方法もあるが、指は子どもたちにとってもっとも身近で便利な道具であるといえる。

②繰り上がり／繰り下がりの計算につまずく子ども

　小学校1年生の繰り上がりの計算は、たとえば「7+4」の場合、「7は10に3足りない」「4から3をとって10にする（加数を分解する）」「10と3を合わせて13」というような加数分解法を習得し、暗算ができるようになることを目指す。しかし、なかなかこの方法を習得できず、数え足す方略を使用し続ける子どもがいる。この場合、暗算に失敗しているため、計算の答えを

第12章　算数につまずきを示す子どもの理解とその指導　143

記憶していないと誤解されるが、加数を分解するという処理が加わったため、スムーズに処理できなくなり、つまずいているのだと考えられる。

　従来は、繰り上がりの場合、加数である「4」を「3と1」に分解した数を計算式の下に書く方法がとられてきた。しかしこの方法では、分解した数は視覚化されているが、つまずいている子どもは計算手続きを保持しながらこれらの処理を行うことに失敗しているため、あまり有効な方法とはいえない。したがって、計算手続きを言語化することによって、その保持を支える方法が有効であるといえる。繰り下がりの場合も同様である。

　③九九をなかなか覚えられない子ども

　かけ算の導入時に使用される"かけ算九九"は、多くの子どもたちにとって、かけ算の基礎である"2とび""5とび"の数を想起しやすくなる手がかりである。しかし、九九をなかなか覚えられない子どもにとっては、手がかりとして機能していないことが多い。その背景には、さまざまな要因がかかわっていると考えられる。その一つは、音韻処理につまずきを示すことがあげられる。

　たとえば、「4×4（シシ）」「4×7（シシチ）」「7×4（シチシ）」等の"シ"と"チ"のように似ている音韻の区別が困難なため、4の段や7の段を想起することにつまずいている場合がある。もう一つは、九九は覚えているが、その読み（音）と式がうまく結びついていないために、すらすらと九九を想起できず、×1から順に読み上げないと答えが出てこないためにつまずいている場合がある。

　前者の場合、音韻意識のつまずきが予想されるため、"4（シ）""7（シチ）"ではなく、"4（ヨン）""7（ナナ）"などの音韻の区別がつきやすい読みに変える指導が有効である。

　後者の場合は、計算の答えを記憶できていないことが理由だと誤解されやすいが、かけ算九九を記憶できていないのではなく、計算式を見て、すらすらとかけ算九九が想起できないことが原因であると考えられる。したがって、九九表を使用して計算することによって、九九の読みと計算式の結びつきを支え、想起しやすくすることにつながる。

④複雑な筆算の途中でつまずく子ども

多位数の計算の中でも、中学年や高学年に入って学習するかけ算やわり算の筆算は、計算手続きどおりに計算しないと、正しい答えを導くことができず、苦手な子どもが多い計算の一つである。それぞれの計算の種類に応じた筆算の手続きに基づき、一位数・二位数の計算を繰り返すことが求められる。したがって、そのつまずきは、筆算の手続きに関係するものと、一位数同士の計算に関係するものに分けられる。

筆算の手続きのつまずきがある場合は、手続きを想起しながら計算の処理ができていないことが背景にあるため、筆算の手続きを視覚化した手がかりを活用することで、計算手続きの保持を支え、計算の処理をスムーズにすることが有効であると考えられる。具体的には、筆算の手続きを枠組みとして記入したワークシートを使用する方法と、筆算の手続きを言語化したものがあげられる。

一位数・二位数の計算につまずきがある場合は、①で紹介したつまずきと同様、暗算がスムーズにできていないことが原因である。数える方略を基本とし、本人が計算しやすい方法をとることによって、計算の処理のつまずきを支えることが有効であると考えられる。かけ算の筆算の場合、途中のたし算で繰り上がりの数を記入する欄を設けることで、計算の処理を支えることができる。わり算の筆算の場合は、わる数に商をかける計算を筆算の枠外で計算するスペースをとることによって、計算の処理を支えることができる。

文章題のつまずきの理解と指導

(1) 文章題とは何か

文章題とは、文章で記述されている数量関係をもとに、立式して、指示されている答えを導き出す問題を指す。ここでは、文章題の構成について整理したうえで、その指導について説明する。

文章題を構成している問題文は、通常一つの要素に一つの数値を割りあてた割当文、要素間の数量関係や数値の関係を示した関係文、問いにあたる質

問文の3種に分類することができる。問題を解く際に子どもが理解につまずくのは、関係文である。問題文中の数量関係を適切に理解してスキーマ（構造化された知識）を構成することは難しく、つまずきの原因になると考えられている。関係文を理解するためには、子どもがもともともっている知識である算数のスキーマと問題文が求める数量関係の知識を統合する必要があり、数量の関係を把握するためのスキーマが十分に構成されていないためにつまずきを示すことが示唆されている[4]。

　文章題の解決過程は、一般的には文章題を理解する過程と解く過程に区分される。前者は文章題解決における理解過程、後者は文章題解決における解決過程と呼ばれる。文章題の理解過程とは、出題された文章題の一文ずつの意味内容を理解することであり、かつ文間の関係を理解することを意味している。他方、文章題の解決過程とは、理解した内容を反映した式を構成して演算することである。さらに、理解過程は、一文ずつの意味内容を理解するための言語知識や文理解のための意味的な知識を使う変換過程と、理解した意味内容のスキーマを働かせてまとめあげる統合過程の2つの下位過程に分けられる。また解決過程は、理解した内容を反映した式を構成するために、どのように立式するかの方略に関する知識を使用するプランニング過程と、立式を演算するために四則計算の手続き的知識を適用する実行過程の2つの下位過程に分けられる[4]。

(2)　**文章題のつまずき**

　子どもたちのつまずきは、理解過程にあると考えられているが、実際は統合過程に多いことが指摘されている[1]。すなわち、言語表現そのものの読解に失敗しているのではなく、読解した内容と算数の既有知識の統合に失敗しているために、正しく立式できず、つまずきを示していることがわかる。

　①数直線図を使用した指導

　数直線図は、算数のスキーマと数量関係との統合をサポートするために使用されている。すなわち、算数文章題の下位過程の統合過程をサポートしているといえる。数直線図は、数量関係を視覚化したものであるため、一目で

数量関係が把握しやすく、つまずきに対する指導に効果があることがよく知られている。

②文章を分割して提示する指導

一方、数直線図のような図を使用しても、なかなか立式ができないというつまずきを示す子どもがいることが指摘されている[1]。その背景には、数直線図のイメージを保持しながら、立式する処理ができないことがある。そこで、文章題の文章を分割表示するカード形式のものを使用し、言語情報を分割することで、数量関係をつかみやすくする指導が効果的である[1]。具体的には、「割当文には何が書かれているか」「関係文には何が書かれているか」「質問文には何が書かれているか」を分割表示することによって、文章題に書かれている数量関係を算数スキーマと統合すること、すなわち、数量関係の情報の保持を支えることにつながるのである。

中学校と高等学校でみられる数学のつまずきの理解と指導

ここでは、中学校や高等学校の数学の計算領域を取り上げる。中学校や高等学校では、小学校高学年で学習する計算に比べ、より複雑な計算手続きと、小学校で学んだ四則演算がスムーズにできることが求められる。計算手続きを保持しながら、さまざまな四則演算の処理をすることが必要となるため、つまずきを示す子どもが多いことがわかる。

したがって、四則演算につまずきを示す場合、たとえば連立方程式の単元では、連立方程式の手続きを学ぶことを目的に置き、四則演算は処理の負担の少ない整数を使用することによって、計算の処理を支えることにつながる。また、計算手続きが混乱することによってつまずきを示す場合は、計算手続きを視覚化したシート（数字を空欄に当てはめることによって手続きどおりに計算を進めることができるシート）を使用する、あるいは、つまずきを示している計算過程のみを取り出して練習する、計算手続きを言語化したカードを使用する、というような指導によって、計算手続きの保持を支えることにつながる。

第12章　算数につまずきを示す子どもの理解とその指導　147

まとめ

　今回取り上げた計算・文章題は、「数理的な処理のよさに気付き（小学校学習指導要領）」「事象を数理的に考察し表現する能力を高める（中学校学習指導要領）」ことを目的とする領域であるため、学力を支える重要な能力の一つであるといえる。したがって、その指導は重要であることがわかる。

　計算のつまずきには規則性があり[3]、計算の基礎となる数の概念が獲得されている場合にも、計算のつまずきが認められる場合がある[2]。したがって、つまずきに対応した指導を行うためには、数の知識が獲得されているかということを知るために、計算ができる／できないという視点だけでなく、どのように処理しているのか、その過程のどの部分でつまずきを示しているのかという視点が重要である。さらに、従来の繰り返し学習は、計算の速さ（スピード）と流暢性（すらすらと計算できること）を高める指導であるが、基礎となる計算の正確性を高めるためには、今回取り上げたようなワーキングメモリの機能に着目した指導が重要であるといえる。

〔引用・参考文献〕
（1）伊藤一美「学習障害児に見られる算数文章題におけるつまずき」『LD（学習障害）―研究と実践』7巻、80-89頁、1999年
（2）伊藤一美「算数のアセスメントの検討」『LD研究』17巻、295-302頁、2008年
（3）吉田甫『子どもは数をどのように理解しているのか―数えることから分数まで』新曜社、1991年
（4）吉田甫、多鹿秀継編著『認知心理学からみた数の理解』北大路書房、1995年
（5）湯澤美紀、河村暁、湯澤正通編著『ワーキングメモリと特別な支援――一人ひとりの学習ニーズに応える』北大路書房、2013年

第13章
ワーキングメモリと個別の学習支援

河村　暁

ワーキングメモリとは

　学習支援に子どもの記憶への配慮はつきものである。学習した内容を覚え
ているかどうかは、学習場面においていつも意識されていることであろう。
そのときに見逃されやすいが、学習場面では知識を蓄える働きだけではな
く、一時的に情報を頭に留め置く働きも重要である。たとえば、子どもがク
ラスの話し合いで自分から手を挙げたのに、立ち上がってから「忘れまし
た」と答える、算数の文章題で、解答に書くべき単位が「メートル」と知っ
ていたのに「センチメートル」で書いてしまう——これらの記憶エラーのエ
ピソードが示すのは、すぐ後で使う情報や活動の目的を覚えておくという記
憶の働きの重要さである。こうした記憶の働きはワーキングメモリと呼ばれ
るもので、さまざまな課題の遂行中に一時的に必要となる記憶であり、そう
した記憶の機能やメカニズム、それを支えている構造を指す[1]。ワーキングメ
モリは「こころのメモ帳」と呼ばれることがあり、何らかの活動に取り組む
ときになくてはならない働きである。
　学習に困難のある子どもへ学習支援を行っていると、ワーキングメモリに
まつわる困難がしばしば経験される。たとえば、さっき覚えたばかりの言葉

を思い出すことができない。問題を解くための簡単な手順を覚えることができない。また、ワーキングメモリに困難のある子どもの中には、間違えた状況を我慢できず怒ったりパニックになったりする者もいる。こうした学習にかかわる困難に対応するためには、ワーキングメモリの特性に応じた支援を構築していく必要がある。

ワーキングメモリのテストと発達的特性

ワーキングメモリはどのように測定されるのだろうか。ワーキングメモリを測定する目的で多くのテストが開発され、またそれらを組み合わせたワーキングメモリのテストバッテリもいくつか開発されてきた。[2] そこには、たとえば言語的な情報を覚える課題（言語的短期記憶課題）として単語スパン、情報を処理しながら言語的な情報を覚える課題（言語性ワーキングメモリ課題）としてワーキングメモリスパンなどが含まれている。単語スパンとは、テスターが「うし、いぬ、ゆき」のような単語を言い、子どもはそれを覚えて（情報の保持）再生するものである。いくつの単語を覚えられるかが得点となる。ワーキングメモリスパンでは、たとえばテスターが「うしは○○ですか？」のように質問し、子どもはそれに答えながら（情報の処理）、文の最初の言葉を覚える（情報の保持）。次々と出される質問に答えながら、それぞれの質問文の最初の言葉を「うし、いぬ……」のように単語スパンと同様に覚えて再生する。これら以外に、図形の形など視空間的な情報を覚える課題がある。

このようにして測定された子どものワーキングメモリは、第一に、幼児期から青年期にかけて記憶できる項目数は増加していく。[3] 読み書き障害児・者群は健常児群よりも記憶できる項目数は少ないものの、年齢の上昇とともに増加する。[4] このことは大人である支援者が、子ども（とくに発達障害のある子ども）へ情報を伝達するときは、その量に配慮する必要があることを示している。第二に、ワーキングメモリは個人間差が大きく、同じ学年でも６歳程度の能力の幅のあることが指摘されている。[3] 教室のような集団指導がなさ

れる場では、ワーキングメモリへの十分な配慮は欠かせないだろう。第三に、読み書き障害のある子どもでは言語的短期記憶や言語性ワーキングメモリの得点が、算数障害のある子どもでは視空間的短期記憶や視空間性ワーキングメモリの得点が低くなるように、障害に応じた特性の傾向があることがわかっている。子どもによって学び方が異なると予想されるので、教え方もその子どもに応じたものにする必要があるだろう。

ワーキングメモリと学習支援技術

ワーキングメモリの理論に関連する学習支援は、ワーキングメモリトレーニングのようにワーキングメモリの機能を向上させることで学習を促進しようとするものや、教室や指導方法など子どもの環境を改善するものなどのアプローチがある。本章では、子どものワーキングメモリの現存機能に応じて支援するアプローチを取り上げる。ワーキングメモリに配慮した学習支援の範囲は幅広いが、以下では個別の算数学習支援を例に説明する。

ワーキングメモリに困難のある子どもは、文章題の学習に困難を示すことが臨床的によく経験される。文の読みが不正確あるいは遅い子ども、文を読むことはできるがそれが表す状況をイメージしにくい子ども、文章に出てくる数をやみくもに足したり引いたりする子ども、「400gの24％は□gです」といった問題で□に対比される数値が400なのか24なのか統語的に判断しにくい子ども、問題を解決する方法は理解できても長い手順を覚えられない子ども、やり方はわかっても計算ミスが必ず生じる子どもなど、文章題を解くためのさまざまな関門でエラーが生じて正解に至らないという種々の様相を示す。とくに支援上問題なのは、支援者が解決方法を説明しようとしても説明が終わる前に「頭がいっぱい」になったり、また、間違えたやり方の記憶を消去できず同じ解き方を試みたり、パニックになったりする場合である。

ワーキングメモリに困難のあるすみれさんは、小学校低学年のとき「☆☆☆☆☆　あといくつで7こになるでしょう」（☆の数から計算する。正解は2）のような問題を解決できず、「5 + 7 ＝12」と計算しようとしたり、パ

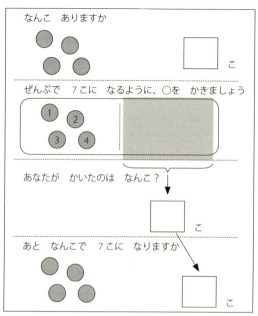

a）プリントの例

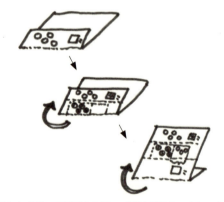

プリントを折って最初のステップだけが見えるようにする。1つのステップにつき1つ解答したら、次のステップまで展開する。最後のステップがターゲットとなる問題である。

b）プリントの使い方

図13-1　プリントの例と使い方

表13-1 折説明形式の特徴と意図

形式の主な特徴	ワーキングメモリへの配慮の意図
1つの問題につき A4書類1枚を使用	ワーキングメモリの範囲を越えない量・時間で学習できる
プリントを折って提示 し、学習時に展開	問題の状況・解決プロセスを分割する（スモールステップ） 未解決の問題が目に入り、情報を抑制することに余分な注意を 払う必要がないようにする プリントの展開時に次のステップに取り組むという構えをもつ 分割した情報を即座に次の情報と統合する
1つのステップで1反応	1つのステップで立ち止まり、そこに注意を集中して取り組む
取り組むべき問題は プリントの最後に印刷	最初に問題を誤答するとその情報を更新することが難しい場合 があるので、更新しなくてもよいようにする

ニックになったりした。口頭での支援や図による説明は、かえって混乱を招くようだった。そこで、図13-1のような「折説明」という形式のプリント[8]を作成した。これは問題を解決するためのプロセスがスモールステップで印刷されたもので、最初は紙を折って必要なステップだけが見えるようにする。そして、一つのステップに解答し終わると次のステップまで展開していくようにエラーレスで学習するもので、この形式には文章題を解く際にワーキングメモリにかかる負担を減らす意図がある（表13-1）。すみれさんはこの形式であれば、穏やかな様子で文章題に取り組むことができ、いったん問題の意味ややり方を覚えれば、同種の問題は解決することができた。以後、わからない問題があるときはこの形式で説明することを希望するようになった。

　ワーキングメモリの困難に対応する方法はさまざまで、この形式はそうした技術の一例に過ぎない。しかし、この形式の特徴からは、支援技術が、たった一つのアイディアに基づいているというよりも、プリントや指導法の中で複合的に組み合わさったものであることがわかる。

学習支援の効果の検討

　ワーキングメモリに困難のある子どもへの学習支援の効果は、どのように

判断すればよいのであろうか。一つには、同じ学習の困難がある同じ年齢の子どもへ学習支援を実施し、倫理的な問題が生じないデザインによって対照群と比較することが重要である。ただし、これによって支援効果に関する正の結果が得られても、グループで得られたデータは必ずしも個人の状況を説明しないことがある。一人ひとりを見ると、効果のある子どももいるが、効果のなかった子どももいるはずである。私たちの支援の関心が向かう対象はまさに一人ひとりの子どもなので、グループで得られたデータに加え、相補的な位置づけとして、一人ひとりの支援の効果を表すデータを得る必要がある。

　ここでは漢字の書字学習支援を例にとって、個人を対象としていくつかの条件下で学習を行い、その正答率の違いを検証するやり方について説明する（図13-2）。小学校高学年のけんたくんはワーキングメモリに困難があって、漢字書字の成績は低～中学年水準であり、繰り返し書く学習がほとんど効果をもたなかった。しかし、事前テスト時に漢字の一部分（偏など）でも書けていた漢字は学習の事後テストの正答率が高いようだった。そこで、部分的に書けた漢字（部分正答漢字）とまったく書けなかった漢字（無答漢字）とで学習の効果を検討した。図13-2aのように、第一週目は事前テストを行い、部分正答漢字３つと無答漢字３つを得た。けんたくんはそれらの漢字を支援者と相談しながら自分の覚えたいやり方で分解した。第二週目は、そのやり方が印刷されたプリント（図13-2b）で学習した。第三週目は事後テストを行った。これを一つの学習セットとする。そして、同時進行で第二週目には、次の学習セットのための６つの漢字のチェックテストを行い、第三週目にはそれらの漢字の学習を行うとともに、さらに次の６つの漢字のチェックテストを行った。このようにして毎回新たに６つの漢字を追加し、全部で７セット、42の漢字（部分正答漢字21個、無答漢字21個）について事前テスト、学習、事後テストを行った。なお、二条件で漢字の平均画数は同じになるようにし、学習時期の影響を最小限にするため、つねに両条件を同じ学習回に実施した。

　その結果は、図13-3に示すように、部分正答漢字は無答漢字に比べて２倍

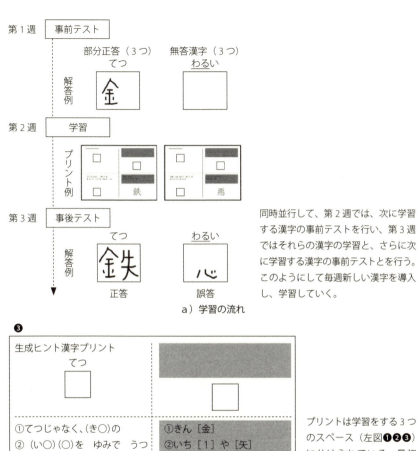

同時並行して、第2週では、次に学習する漢字の事前テストを行い、第3週ではそれらの漢字の学習と、さらに次に学習する漢字の事前テストとを行う。このようにして毎週新しい漢字を導入し、学習していく。

プリントは学習をする3つのスペース（左図❶❷❸）に分けられている。最初に、❷に書かれたヒントと、❶に書かれた答えを確認しながら、❶の漢字をなぞる。次にプリントを半分に折って、❷のヒントだけを見て漢字を書く。最後にプリントをさらに半分に折って、❸にヒントなしの状態で漢字を書く。

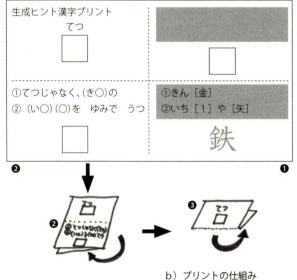

図13-2　漢字書字学習の流れと学習に使用したプリントの仕組み

第13章　ワーキングメモリと個別の学習支援　155

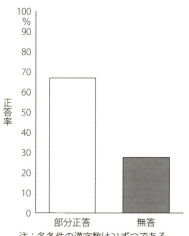

注：各条件の漢字数は21ずつである
図13-3　事後テストでの正答率

程度正答率が高かった。部分正答したということは、その漢字についての表象が長期記憶により強くあることを意味し、それはワーキングメモリの働きを支えるだろう。また、部分的に書けていれば、新たに学習するのは残りの部分だけで済むので、ワーキングメモリの負担も軽いだろう。けんたくんが漢字書字を効率的に学習するためには、事前テスト時に部分正答した漢字を扱えばよいといえる。個人に基づくデータのため、結論の一般化はできないが、もともと一人の子どもの支援のために得たデータであって、その目的は果たされている。このように個人内で支援の条件を設けて検証する方法は、読み、読み速度、読解など広範囲に適用可能である。[10]工夫次第でさまざまな学習支援の効果を個別に検証することができる。

支援の視点としてのワーキングメモリモデル

　子どもが示す学習の困難は、その子どもにしかみられない、つまり固有性の強い場合があり、支援の方法が既存の書籍に見つからないこともある。そのようなとき、困難の生じている状況をワーキングメモリの視点から見直す

と、その子のための支援技術を作ることができることがある。

　小学校中学年のゆかりさんは、重いワーキングメモリの困難があった。「1、2、3……10……」と、30までの数は間違えずに数えることができたが、それ以降は「……33、34、36、38、39……」のように必ずどこかで数え飛ばしがあった。繰り返し暗唱する学習では、長期にわたり改善がみられなかった。そこで、この30以上の数え上げにはワーキングメモリ、つまり情報の処理と保持とが同時に要求されていると仮定して、学習内容を検討した。21から29までの数え上げは、音の数で示すと「にじゅういちにじゅうににじゅうさん……」であるのに対して、31からは「さんじゅういちさんじゅうにさんじゅうさん……」である。「1、2、3……」というもとになる系列の間に「にじゅう」や「さんじゅう」という音を挿入した形式であって、音の数が前者よりも後者のほうが多い。挿入される音が増えるぶんだけ、前の数を覚えておかねばならない時間は増え、ワーキングメモリの負担は高まると予想される。しかも、挿入している言語刺激は「さん・じゅう」のように数であり、もとになる数の系列と干渉して混乱を生じさせやすい。

　この仮定に基づいて、次のような支援を行った。まず「1　　2　　3……」のように、もとになる系列を時間を空けて数える練習を行った。ゆかりさんはこれだけで「……5　　6　　8……」と前の数を忘れ、数え飛ばすことがあった。次に「ねこ1ねこ2ねこ3ねこ……」のように数と干渉しにくい単語を挿入して数える練習を行った。そして「たいのさしみ1たいのさしみ2……」のように音の数が多い単語を挿入して練習した。最後に「さんじゅう1さんじゅう2……」のようなターゲットになる数を挿入する練習を行った。ゆかりさんは新しいやり方の練習方法に変更してから比較的短期間のうちに正しく数を数え上げられるようになった。

　以上に述べたような学習の困難はその一例であるが、学習支援の中ではその子ども固有の困難が多様な形で生じる。さらに、一人の支援者が同時に担当できるケースの数は限られているので、他の子どもと比較したり、他の子どもへの指導経験を活かしたりできない場合もある。このようなとき、困難が生じている学習のプロセスをワーキングメモリの視点から眺め、情報の処

理や保持の要素、言語や視空間の要素、短期の記憶か長期の記憶かの要素を
見出そうと試みることで、その子どもに合った支援方法を生み出すことがで
きることがある。

おわりに

　後のワーキングメモリの研究に大きな影響を与えたバドリー（Baddeley,
A.D.）らによる論文「ワーキングメモリ」が登場して、およそ40年が経つ。
その間、バドリーの共同研究者たちの一部は、教育や障害、学習支援そのも
のへの関心を深め、『ワーキングメモリと神経発達障害』[11]、『ワーキングメモ
リと学習指導』[3]などを出版していった。日本でもワーキングメモリの理論に
基づいてアセスメント、支援方略の構築、支援を行うアプローチが始まって
いる[12]。学習支援に関する科学的理解は大きく進展してきたといえる。しか
し、支援技術と子どもがどのように相互作用するのか、支援技術がどのよう
な効果を示すのかは、学習支援技術を個々の子どもに実際に適用、検証する
ことによって初めて明らかになることも多い。今後は、学習支援技術が子ど
もの学習においてどのように機能するかという技術学的理解の進展が求めら
れる。

〔文　献〕
　（1）齊藤智、三宅晶「ワーキングメモリ理論とその教育的応用」湯澤正通、湯澤美紀
編著『ワーキングメモリと教育』3-25頁、北大路書房、2014年
　（2）大塚一徳「ワーキングメモリのアセスメント」湯澤正通、湯澤美紀編著『ワーキ
ングメモリと教育』59-78頁、北大路書房、2014年
　（3）Gathercole, S.E., Alloway, T.P.: *Working memory and learning: a practical guide
for teachers*. Sage, 2008.（湯澤正通、湯澤美紀訳『ワーキングメモリと学習指導―教師の
ための実践ガイド』北大路書房、2009年）
　（4）Siegel, L.S.: Working memory and reading: a life-span perspective. *International
Journal of Behavioral Development* 17: 109-124, 1994.
　（5）Alloway, T.P.: *Improving working memory: supporting students' learning*. Sage,
2011.（湯澤美紀、湯澤正通訳『ワーキングメモリと発達障害―教師のための実践ガイド
2』北大路書房、2011年）
　（6）河村暁「ワーキングメモリと学習支援」『LD研究』25巻、17-24頁、2016年

（7）湯澤正通、湯澤美紀『ワーキングメモリを生かす効果的な学習支援—学習困難な子どもの指導方法がわかる！』学研プラス、2017年

（8）湯澤美紀、河村暁、湯澤正通編著『ワーキングメモリと特別な支援——一人ひとりの学習ニーズに応える』北大路書房、2013年

（9）Deary, I.J.: *Intelligence: a very short introduction.* Oxford University Press, 2001.（繁桝算男訳『1冊でわかる　知能』岩波書店、2004年）

（10）河村暁「子どもの認知特性をふまえた支援技術」湯澤正通、湯澤美紀編著『ワーキングメモリと教育』133-150頁、北大路書房、2014年

（11）Alloway, T.P., Gathercole, S.E.（eds.）: *Working memory and neurodevelopmental disorders.* Psychology Press, 2006.

（12）湯澤正通「知的発達の支援を支える理論」本郷一夫監修、湯澤正通編著『知的発達の理論と支援—ワーキングメモリと教育支援』2-17頁、金子書房、2018年

第14章
学習障害とテクノロジーによる支援

近藤武夫

はじめに

読字障害により印刷された文字を読むことが難しい生徒が、音声読み上げソフトウェアを利用して（または録音された音声データの形で文書の提供を受けて）、内容を耳で聞いて理解したり、書字障害や協調性運動障害により鉛筆で文字を綴ることが難しい生徒が、キーボード入力や音声入力ソフトウェアを利用して文章を綴ったりすることは、学習障害に対するICTの利用の代表的な例である。

とくに米国や英国を中心として、こうしたICT機器の利用は一般的であり、高校までの学校での授業や試験、大学入試等においても、障害の状況に関する証明など一定の条件を満たすことで利用が認められる。他の多くの生徒が紙と鉛筆の試験を受けていたり、紙の教科書を提供され、それらを使用したりしていても、障害のある生徒だけがICT機器の利用を認められるケースは珍しいものではない。学習障害を含めた障害のある生徒が「一人だけ特別な方法を使う」ことは不公平なこととは考えられていない。むしろ、そうした方法を認めないことで、他の生徒と同じ教育カリキュラムに参加できないことのほうを不公平と考える社会的な共通理解がある。

学習障害のある生徒は、外見からは障害があることがわからない。そのため「見えない障害（invisible/hidden disability）」と呼ばれることもある。学

習障害のある生徒は、手も動くので鉛筆は持てるし、目も見えるので教科書の絵や文字を見ることもできる。しかしながら、鉛筆を持つことはできても文字を綴ることが難しく、目は見えても文字を読んで内容を把握することが非常に難しい。そうした生徒が、他の生徒と同じように紙と鉛筆を使って参加することだけが認められている教室での学びに参加することを想像してみよう。学習障害のある生徒も、肢体不自由があり鉛筆を持てない生徒や、視覚障害があり教科書が存在していることが見えない生徒と、「読むことや書くことが難しい」という点では同じ困難をもっている。しかし、通常の教室では認知度の低さから、その点が理解されにくい。冒頭に挙げたICT利用の例のように、紙と鉛筆を使う他の生徒とは別の方法が認められれば、他の生徒と同じ教室での学びに参加できる生徒がいる。紙と鉛筆を置き換える（代替する）ような方法は、彼らが学びに参加するうえで不可欠な調整の一つである。

　ところで、読者のみなさんは「支援技術（assistive technology）」という言葉をご存知だろうか。この言葉自体は、1986年に米国で生まれたもので、障害のある人の困難を解消して社会参加や適応を助けるためのテクノロジー全般を意味する用語であり、欧米を中心に現在では広く知られている。コンピュータなどのICT機器やソフトウェアだけに限らず、拡大鏡や車いす、ちょっとした自助具など、障害者の社会参加を支える装置全般と、それらの適切な選択や利用の支援に関するサービス、それら両方を合わせた幅広い概念を指している。支援技術の意義は、障害の状況はそのままに、支援技術を使うことで本人の社会参加や適応を助けるものであって、身体機能や認知機能の訓練をして、生身の能力を他の生徒と同じように治療・回復させてから、その後に社会参加することを目指したものではないというところにある。前述した音声読み上げやキーボードの利用は、まさにその例にあたる。

　一方で、日本においては、通常の教室で他の生徒は紙と鉛筆でノートをとっていたり、試験を受けたりしている中、障害のある生徒一人だけが「支援技術としてICTを使う」ことに、違和感をもつ教育現場がまだまだ多いのではないだろうか。特別支援学校や特別支援学級であればそうした方法は認

められても、通常の教室では話は別、という常識が支配的な面があるかもしれない。しかし、日本は現在では、国連障害者権利条約の求めに従い、障害のある生徒もない生徒もできるだけ同じ学びの機会を共有することを目指すインクルーシブ教育システムにすでに移行しており、2016年4月からは、障害のある生徒の個別のニーズに合わせた異なる取り扱い（＝合理的配慮）の提供を義務化する障害者差別解消法も施行された。

　バーグスターラー[1]によれば、米国における障害者とそのアドボケイト（権利擁護をする人々）は、障害を「人間であれば誰もが取り得る一つの自然な状態」であるとみなしているため、教育・雇用・その他の社会活動へ、完全かつ統合された形でアクセスできることが市民権の一つである、という考え方に立っている。障害のある生徒が他の生徒と同様に教育の機会に参加するためには、障害のある生徒がそこに参加することを想定していないことで生まれている、教室に存在するバリアを解消し、彼らが学ぶ機会を最大限活かせるようにする必要がある。そのために、米国では1980年代から、ICTを含めた支援技術、つまり他の生徒たちは使わない別の方法を使用する権利が学校や職場で制度的に保障されてきた。

　本章では、米国のこれまでと日本の今後を比較しながら、学習障害から生じるさまざまな機能制限に対する支援技術としてのICT利用方法の例をレビューする。

合理的配慮としてのICT利用

　本章では、学習障害そのものについてのくわしい説明は述べないが、学習障害のある児童生徒には以下のようないくつかの機能制限がある（翻訳は筆者[2]）。

①聴覚情報の知覚と処理：音の違いを聞き分けたり、注意を向けるべき音を区別したりすることが難しく、教師の説明を聞いたり、他の生徒とディスカッションしたりすることが難しい。

②視覚情報の知覚と処理：形のわずかな違いを見分けることや、複数の画

像が提示されたときにどれに注目すべきかを決めることが難しかった
り、単語を読み飛ばしたり繰り返して読んでしまったり、奥行きや距離
を把握しそこねたりする場合がある。

③情報処理の速度：平均と比較して聴覚情報や視覚情報を処理するのに時
間がかかる。文字の符号を読み解いて書かれている内容を把握するのに
時間が必要であるため、読むことが遅くなる。

④抽象的な推論：哲学や論理学など、高度な推論スキルが求められる科目
の理解が難しい。

⑤記憶（長期／短期記憶）：短期または長期に情報を覚えておいたり、思
い出したりすることが難しい。

⑥音声言語・文字言語：単語を綴ることが難しい（文字が入り交じる）、
または発話することが難しい（単語やフレーズが逆になる）。

⑦計算すること：数字の操作が困難だったり、数字がひっくり返ったりす
る。また文章題を数式に換えることが難しい。

⑧実行機能（計画立案や時間管理）：より大きな作業を小さな作業に分け
ることが難しい。またタイムラインを作ったり、それにしたがって締め
切りに間に合わせたりすることが難しい。

こうした機能制限のある生徒への合理的配慮提供の際には、ICTの利用が
キーとなる。いくつか例を挙げてみよう。

キーボード入力や音声入力、録音や撮影などの代替手段を使う

書字障害のある生徒では、文字や数字を手書きで綴ると、文字を書き間違
えたり、その作業にかかる認知的負担が大きくなる。そのために、文字を手
書きしている際に教師の話にも注意を向けたり、抽象的な思考をしながら文
字を綴ったりすることに負担を感じる。しかし、キーボード入力や音声入力
では認知的負担を感じず、他の認知的な処理に力を振り向けることができ、
結果として、文字の書き間違いや計算の間違いが減ったり、作文や小論文の
質が向上したりすることがある。また、メモやノートをとる場合にも、文字
を手書きすることの負荷を避けて、ICレコーダーで録音して記録したり、

黒板やスライドに提示された内容をデジタルカメラで撮影して記録したりすることで、効果的に間違いなく記録できる。とくに、日本語においても近年の音声入力の性能向上はめざましい。数年前の日本語の音声入力に落胆した経験のある人もいるかもしれない。しかし、適切な製品選びや使用環境を整えることは依然必要な部分はあるが、音声入力は我慢して使うものではなく、すでに現実的な選択肢となっている。

　誤った入力内容の修正候補を自動的にリストアップしてくれる日本語文章校正ツールや、数式をキーボードだけで入力できる数式入力ソフトウェアは、キーボードの活用の幅をさらに広げるものになる。また、キーボードのローマ字入力が定着しない生徒には、WindowsやiOSなどのソフトウェア・キーボードに標準装備されているひらがな50音キーボードを利用する方法もある。

　一方で、ICT以外の方法も引き続き効果的である。代筆者またはノートテイカー（代わりにノートをとってくれる支援者で、とくに大学教育では障害のある学生の支援の一つとして一般化している）をつけるという方法もある。試験においても代筆者をつける、口頭試問に代えるなどの配慮が可能である。

音声読み上げ機能や、文書の見た目の変更・調整

　読字障害の程度には人によって大きな幅があり、文字を見ても模様にしか見えないという生徒もいれば、読む速度が極端に遅かったり、読み飛ばしや読み間違いをしたりするが、まったく読めないわけではないという生徒もいる。しかし、いずれのケースでも、音声読み上げ機能で、耳から聞いて意味を捉えられるように補助したり、文字のサイズを拡大したり、行間を広くしたり、文字と背景を白黒反転したり、読んでいる箇所をハイライトしたり、または画面全体を拡大機能で拡大したり、目的の箇所を検索機能を使って探したりと、紙の印刷物では実現できないICTの特性を活かして、本人にとって読みやすい形で印刷物の内容に触れられるように工夫することができる。また、音声読み上げや白黒反転、画面拡大といった機能はすでに特殊な

画面左側は文書の構造を示し、画面右側は文章の内容を白黒反転させている。音声読み上げ機能を用い、読み上げ箇所を反転させながら読んでいく。

図14-1 Microsoft Word で作られた教科書（AccessReading による教科書データ）

ものではなく、WindowsやiOSなど一般的なオペレーティングシステムでは、標準装備になっている（図14-1）（これらが標準装備になっている背景には、米国リハビリテーション法508条のICT機器における障害者差別禁止に関する規定が影響している）。

　米国では1980年代から、当初は視覚障害者に対して、音声読み上げ機能が支援技術として使われていた。1990年代頃から、とくに学校教育での学習障害のある生徒数が増大したことから、今では音声読み上げ機能を利用する障害のある生徒の多数派は学習障害のある生徒となっている。PCやタブレットが極端に高価なものではなくなり、学校で利用できる一般的な機器になったことも影響している。

　とはいえ、ICT以外の支援もあわせて有効である。代読者をつけたり、厚紙を文書の一行だけが見えるように切り抜いて作ったスリットを用いて、印刷物の読みたい箇所だけが見えるようにする道具（写真14-1）や、紙の上に色つきのフィルターを乗せて、読みやすいコントラストに調整するカラーフ

第14章　学習障害とテクノロジーによる支援　165

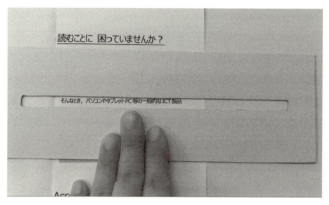

写真14-1　スリットの例

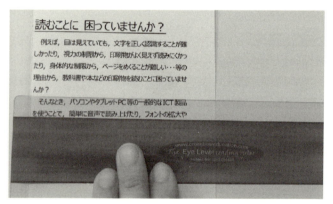

写真14-2　ルーラーの例（カラーフィルターの機能も備えるもの）

ィルター、読んでいる箇所を確認しながら読み進められるルーラーなどの道具もある（写真14-2）。

　また、前述のような音声読み上げの機能があっても、教科書や教材、書籍の文字部分の電子データがないと、読み上げることはできない。OCR（光学文字認識）などの技術で、紙の印刷物を撮影したりスキャンしたりして、文字部分の電子データを自分で作ることもできるが、大量のページからなる書籍をすべて自分で電子化することには大きな労力が必要となる。そこで、

環境整備としての教科書・教材の電子データを準備しておくことが重要となる。米国ではBookshare.org等のオンライン図書館が2004年頃から広く知られるようになった[3]。日本でも、2008年に教科書バリアフリー法が成立し、同年から日本リハビリテーション協会（http://www.dinf.ne.jp/doc/daisy/）によるマルチメディアデイジー教科書や、2014年から東京大学先端科学技術研究センターが運営するオンライン図書館AccessReading（https://accessreading.org/）によるMicrosoft Word形式やEPUB電子書籍形式の教科書データが配信されるようになった。

概念マッピングソフトウェアを使う

　書き言葉で綴られた文章を目で見て読むことの困難から、複雑な概念の理解に困難を感じるが、短い文を空間的に構成して、文章の構造を示すことができる概念マッピング（＝マインドマップ、図14-2）を使うと、文書の内容をよりよく理解できる生徒がいる。また、文章を考える場合にも、最初から原稿用紙に向かい文章だけで内容を考えようとするとつまずくが、先に概念マッピングで文章の構造を作ってから内容を考えると、筋道を立てて内容を考える助けになる。さらに、対人コミュニケーションにおいても、記憶や認知、注意の偏りから生まれるコミュニケーションギャップを避け、話している内容を覚えておいたり、お互いに理解に齟齬のないやりとりを促すためにも、概念マッピングを媒介させることが役立つ。

その他の機能制限への支援技術

　計算障害のある生徒に対しては、学習や試験の場面でも、合理的な範囲で計算機を利用することが認められるべきである。日本の大学入試センター試験にあたる米国のSATでは、計算障害のある受験生に、四則演算の機能だけがある電卓の利用を認めている。米国や英国等で一般化している代読や代筆、別室受験や時間延長、音声読み上げやワープロ等の配慮は、日本の試験でも認められるようになりつつある。しかし、電卓の利用に関してはコンセンサスがなく、今後の事例の蓄積が待たれている。

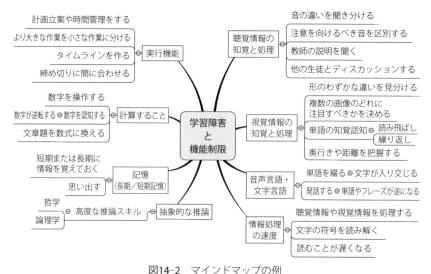

図14-2 マインドマップの例

　耳で聞いて理解することについても、学習障害のある生徒は注意の偏りや聴覚情報を処理することの障害から、聴力自体には障害がなくても、とくに騒がしい環境などで、教師や同級生の話を聞いて理解することに困難を感じることがある。聴力に障害がなくても、FM補聴システムなど聞こえを補う支援技術を用いることは非常に有効である。

　まったく悪気はなく、またやる気がないわけでもないが、予定を忘れたり、計画の見通しが難しく、レポートなどをやり遂げられなかったり、提出などを忘れてしまったりする生徒がいる。他者に管理の部分を助けてもらうことも有効だが、予定を記録して適切なタイミングでリマンドしてくれる機能のあるスケジューラーや、先の見通しを立てる簡単なチャートの使いこなしを覚えることで、自己決定の範囲を広げ、自尊心を高めることにもつながる。

おわりに——支援技術の利用を支える専門家や移行支援の必要性

　合理的配慮の枠組みでは、本人や保護者が学校に対して、支援技術の利用などの個別の異なる取り扱いを求めることが認められている。しかし、本人は学習障害等による機能制限の存在に気づいておらず、自分の能力不足と考えて自尊心をいたずらに傷つけていることもある。読み書きの機能に関する標準化されたアセスメント（例：URAWSS、KABC-Ⅱ、STRAWなど）によって、機能制限があることがわかり、合理的配慮を受ける適格性があることが示される機会に触れられることも望ましい。また、支援技術が存在することだけを知識として知っていても、またはICT機器を教室に放り込んでも、実際の活用にすぐにつなげられるわけではない。適切な活用方法に対するサポートができる専門家、たとえば米国で支援技術スペシャリスト（Assistive Technology Specialist）と呼ばれるような働きができる人材を日本でも育成する必要がある。[3]

　また、学習障害のある生徒が小学校では支援技術としてのICT利用を認められていても、中学に進学すると認められなくなったり、高校入試や大学入試での利用が認められなかったりと、移行期にはそれまで築いてきた配慮が認められなくなるなどの不利益が集中しやすい。本人が自己決定に基づいて機器利用を周囲に求めることを支援する取り組み（例：DO-IT Japan〔https://doit-japan.org/〕）のような、学校外の組織とも連携した移行支援の取り組みが充実することが望ましい。[5]

　学習障害のある生徒への支援技術利用は、現在の日本では一般の認知が低い傾向は否めない。しかし、障害があることで悲観するのではなく、障害があることが歓迎され、テクノロジーなど個々が必要とする方法を上手に活用してみずからの強みを活かしたり、将来の夢に向かうことができる社会づくりが望まれている。

〔参考文献〕

（1）Burgstahler, S.（近藤武夫翻訳）「LDのある生徒の社会的成功を促すために―配慮の提供、移行支援、テクノロジーの利用、ユニバーサルデザインを通して」『LD研究』22巻、10-20頁、2013年

（2）DO-IT: Academic accommodations for students with learning disabilities. University of Washington, 2012.

（3）近藤武夫「読むことに障害のある児童生徒がアクセス可能な電子教科書の利用―日米の現状比較を通じた今後の課題の検討」『特殊教育学研究』50巻、247-256頁、2012年

（4）近藤武夫「通常の学級における支援技術の活用」『LD研究』22巻、150-158頁、2013年

（5）近藤武夫「『思いやり』から『常識』へ―DO-IT Japanの挑戦」嶺重慎、広瀬浩二郎編『知のバリアフリー―「障害」で学びを拡げる』98-108頁、京都大学学術出版会、2014年

（6）中邑賢龍、近藤武夫監修『発達障害の子を育てる本　ケータイ・パソコン活用編』講談社、2012年

（7）ローレンス・スキャッデン（岡本明訳）『期待を超えた人生―全盲の科学者が綴る教育・就職・家庭生活』慶應義塾大学出版会、2011年

●執筆者一覧────

上野一彦（うえの・かずひこ）
東京学芸大学名誉教授

平林伸一（ひらばやし・しんいち）
稲荷山医療福祉センター

柘植雅義（つげ・まさよし）
筑波大学人間系

宇野　彰（うの・あきら）
筑波大学人間系

稲垣真澄（いながき・ますみ）
国立精神・神経医療研究センター精神保健研究所

熊谷恵子（くまがい・けいこ）
筑波大学人間系

小林マヤ（こばやし・まや）
上智大学国際言語情報研究所

奥村智人（おくむら・ともひと）
大阪医科大学LDセンター

涌井　恵（わくい・めぐみ）
国立特別支援教育総合研究所

海津亜希子（かいづ・あきこ）
国立特別支援教育総合研究所

中山　健（なかやま・たけし）
福岡教育大学特別支援教育センター

伊藤一美（いとう・かずみ）
星槎大学大学院教育学研究科

河村　暁（かわむら・さとる）
発達ルームそら

近藤武夫（こんどう・たけお）
東京大学先端科学技術研究センター

●編者略歴

宮本信也（みやもと・しんや）

白百合女子大学人間総合学部発達心理学科教授。医学博士・小児科医。
1978年金沢大学医学部卒業、1978〜1991年自治医科大学小児科研修医、助手、講師を経て、1991〜1998年筑波大学人間系助教授、1998〜2018年同教授、2018年より現職。
著書は『LD 学習症（学習障害）の本』（監修、主婦の友社）、『改訂版 特別支援教育の基礎―確かな支援のできる教師・保育士になるために』（監修、東京書籍）ほか多数。

がくしゅうしょうがい こ しえん
学習障害のある子どもを支援する

2019年1月20日　第1版第1刷発行

編　者――宮本信也
発行所――株式会社 日本評論社
　　　　　〒170-8474　東京都豊島区南大塚3-12-4
　　　　　電話 03-3987-8621（販売）-8598（編集）　振替 00100-3-16
印刷所――港北出版印刷株式会社
製本所――株式会社難波製本
装　幀――図工ファイブ

検印省略　© 2019 Miyamoto, S.
ISBN978-4-535-56373-5　Printed in Japan

JCOPY 〈(社)出版者著作権管理機構 委託出版物〉

本書の無断複写は著作権法上での例外を除き禁じられています。複写される場合は、そのつど事前に、(社)出版者著作権管理機構（電話 03-5244-5088、FAX 03-5244-5089、e-mail: info@jcopy.or.jp）の許諾を得てください。
また、本書を代行業者等の第三者に依頼してスキャニング等の行為によりデジタル化することは、個人の家庭内の利用であっても、一切認められておりません。

ディスレクシア入門
「読み書きのLD」の子どもたちを支援する
加藤醇子[編著]

小中学校の教員、保護者必携！読み書きの難しさのメカニズム、支援の実際、具体的な対応方法を多職種の専門家がやさしく解説する、待望の入門書。　　　　　　■本体1,800円+税

目次 第1章 ディスレクシアとは／第2章 ディスレクシアの歴史／第3章 ディスレクシアと医療／第4章 読みの難しさのメカニズム／第5章 読みの難しさを早期発見するために／第6章 発達の特徴を知るための心理検査／第7章 読み書きに難しさがある子どもの事例と指導の実際／第8章 漢字指導の難しさと指導の方向性／第9章 英語学習の難しさの特徴と指導の実際／第10章 通常の学級での指導・支援／第11章 通級指導教室での取り組み／第12章 家庭での子どもへの対応／第13章 合理的配慮と受験における配慮申請／第14章 青年期の課題──就労も含めて

発達障害の「教える難しさ」を乗り越える
幼児期から成人期の自立へ
河野俊一[著]

自閉症、LD、ADHD、広汎性発達障害、知的障害……教科学習を通じて、発達上の遅れや課題をもつ子ども自身が力をつける！　　　　　　■本体1,400円+税

目次 第1章「発達上の遅れと課題」にどう向き合うか／第2章「教える難しさ」を乗り越える親の歩み／第3章 家庭学習を効果的に進めるには／第4章 みんながめざす春ее君親子の奮闘／第5章 社会人として自立した卒業生たち／第6章 まとめと提言──「いい子」に育ってほしい

授業をたのしく支援する
教えてみよう算数
数の誕生から四則計算、小数と分数、単位あたり量まで
小笠 毅[著]

ハンディを持った子どもたちと20年余にわたり学んできた私塾の実践をもとに、「算数の教え方」を読み解くようにして一冊にまとめた。　　　　　　■本体2,900円+税

目次 第0章「特別支援教育」を支援する／第1章 数の誕生と数概念の形成／第2章 たす・ひく・かける・わる／第3章 小数（はんぱな数）／第4章 分数（もう1つのはんぱな数）／第5章 単位あたり量

日本評論社
https://www.nippyo.co.jp/